HOW to BUILD
A.F.V. MODELS
for BEGINNERS!

프로에게 배우는 전차 모형 만들기
초보자를 위한 빠른 테크닉 가이드

[Beginner modeler]
MEA
[Great modelers]
POOH KUMAGAI • MASAHIRO DOI • YOSHITAKA SAITO

AK HOBBY BOOK

INTRODUCTION

모형 만들기는 재미있지만

초보자한테는 조금 어려워…….

특히 전차 모형은 힘들 것 같아.

그런 당신을 대신해서,

모형 제작 경력 1년,

전차 모형은 한 번도 만들어본 적이 없는

초보자 여성 모델러가

달인들에게 초보자이기에 가능한

질문들을 던져가며

전차 모형 만들기에 대해

하나하나 배워갑니다.

이 책에는 그 전모를 기록했습니다.

CONTENTS

002	INTRODUCTION
004	첫 전차 모형 가이드
005	모형 전문점에 가보자!
006	제1장
	도구와 기본 공작 편·강사 : POOH 쿠마가이
008	기본적인 공구의 종류를 파악하자
010	니퍼 해설
012	디자인 나이프 해설
014	사포 해설
016	접착제 해설
019	부품 다듬기 기본 공정
020	MEA의 실천&실기 코너❶
	〈IV호 전차, 부품 떼어내기와 다듬기〉
022	POOH 쿠마가이's GALLERY
024	기본 공작 편 Q&A
025	제2장
	전차 모형 조립 편·강사 : 사이토 요시타카
026	전차 전문용어 사전
028	지난번에 부족했던 부분을 체크!
030	차체 조립 순서
032	MEA의 실천&실기 코너❷
	〈IV호 전차, 차체 조립〉
035	궤도 조립
036	로코 조립 해설
038	MEA의 실천&실기 코너❸
	〈IV호 전차, 구동부 조립〉
040	포신, 포탑의 주의점
042	MEA의 실천&실기 코너❹
	〈IV호 전차, 포탑 조립〉
044	사이토 요시타카's GALLERY ①②
048	조립 편 Q&A
049	제3장
	오리지널리티 공작 편·강사 : 도이 마사히로
050	도이 마사히로's GALLERY ①
052	플라스틱 가공 실제 예

056	도이 마사히로's GALLERY ②	086	MEA의 실천&실기 코너 ❼
060	MEA의 실천&실기 코너 ❺		〈IV호 전차, 궤도 완성〉
	〈IV호 전차, 펜더 개조〉	089	제5장
063	제4장		피규어 편·강사 : 우에하라 나오유키
	도색과 웨더링 편·강사 : 도이 마사히로&사이토 요시타카	090	피규어 제작 포인트
064	도료의 종류와 특성	092	우에하라식 간단 피규어 디테일 업
066	서페이서	094	피규어 칠하기
067	래커 도료의 특성	096	MEA의 실천&실기 코너 ❽
068	아크릴 도료의 특성		〈IV호 전차, 피규어 칠하기〉
069	에나멜 도료의 특성	098	MEA's 스페셜 모델 GALLERY
070	겹칠의 법칙	101	메아의 감상·IV호 전차와 나의, 땀과 눈물의 30일
071	겹칠의 응용	102	프라모델 기본 용어집
072	웨더링	103	특별 수업·디오라마를 만들어보자
074	붓도색		강사 : 오쿠가와 야스히로
075	에어브러시 도색	104	건물 만드는 방법
076	사이토 요시타카's GALLERY ③	106	베이스 만들기
078	도이 마사히로's GALLERY ③	108	폐허 만들기
080	MEA의 실천&실기 코너 ❻	110	MEA's 디오라마 GALLERY
	〈IV호 전차, 차체 도색과 웨더링〉		
084	궤도		

첫 전차 모형이라면 역시 타미야!

 **Q** 전차 모형 초보자한테는 어떤 키트가 좋을까요?

A 일단 타미야 키트를 고르면 큰 문제는 없습니다

타미야 1/35 플라스틱 모델
독일 IV호 전차 G형 초기 생산형
4,620엔
초보 모델러 메아가 실제로 만들어갈 키트입니다

Q : 1/35 스케일 전차 모형을 만들어보고 싶은데, 다양한 메이커에서 다양한 전차를 판매하고 있어서, 어떤 걸 골라야 좋을지 모르겠어요.

A : 1/35 스케일 전차 모형 중에서 초보자에게도 안심하고 추천할 수 있는 것은 타미야제 키트입니다. 그 이유를 설명하겠습니다.

타미야 키트가 초보자에게도 좋은 포인트

알기 쉬운 조립 설명서

● 조립 순서는 물론이고 주의점까지 적혀 있는, 꼼꼼하고 알기 쉬운 조립 설명서.

구하기 쉽다

● 종류가 풍부하고 정기적으로 재생산돼서, 원하는 키트를 구하기 쉽다.

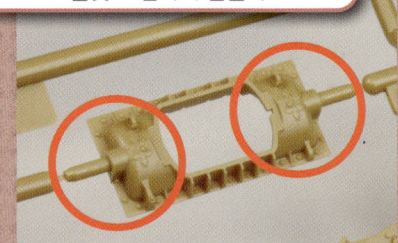

잘못 조립하기 힘들다

● 부품 결합 위치의 상하좌우가 확실하게 구분되는 구조이기에, 잘못 조립하는 경우가 거의 없다.

부품 숫자가 최소한!

● 쓸데없이 부품을 늘리지 않고, 최소한의 작업으로 조립할 수 있게 배려했다.

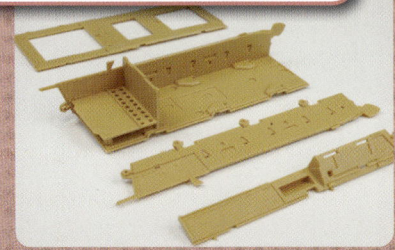

부품 정밀도가 높다!

● 부품 하나하나의 디테일을 아주 정밀하게 성형. 소품 등의 액세서리도 정밀하게 재현했다.

피규어가 포함된다

● 타미야의 차량 키트에는 반드시 전차장 등의 피규어가 동봉돼서, 차량과 피규어를 동시에 즐길 수 있다.

모형 전문점에 가보자!

 초보자가 전차 모형을 산다면, 어디서 사는 게 좋을까요

아무것도 모르는 초보자일수록 모형 전문점에서 사야 합니다!!

Q : 최근에는 대형 마트나 인터넷에서도 모형을 살 수 있습니다. 초보자는 어디서 사는 게 좋을까요?

A : 초보자일수록 모형 전문점에서 구입하는 것을 추천합니다. 왜 모형 전문점을 추천할까요? 그 장점을 설명하겠습니다.

【협력】 하비 베이스 옐로 서브마린 아키하바라 스케일 숍

모형 전문점의 8가지 장점

❶ 풍부한 재고

●점포에 실물 상품이 잔뜩 있어서, 직접 확인하면서 구입할 수 있다. 구입한 그 날 바로 만들 수 있는 것도 장점.

❷ 도구가 전부 갖춰져 있다

●니퍼, 디자인 나이프, 사포 등 모형 제작에 필요한 공구를 한 곳에서 전부 구입 가능!

❸ 도료도 많이 갖추고 있다

●래커, 아크릴, 에나멜 도료는 물론이고 서페이서부터 웨더링 도료까지 갖춰져 있다.

❹ 점원에게 직접 질문할 수 있다

●모르는 게 있다면 모형에 대해 잘 아는 점원 분께 배울 수 있다. 초보자에게는 상당히 중요한 포인트!

❺ 잘 만든 사람의 작례를 볼 수 있다

●매장에 전시된 완성 작품을 보고서 목표를 정하거나, 완성을 향한 이미지를 상상할 수 있다.

❻ 자료도 많이 있다

●전차 자료집이나 일러스트 서적까지 다루고 있어서, 필요한 자료 등의 내용을 직접 확인하고 구입할 수 있다.

❼ 액세서리도 구입 가능

●전차용 소품 등의 액세서리나 별매 피규어도 판매해서, 원하는 방향을 상상하며 선택 가능.

❽ 기분이 좋아진다

●모형의 모든 것이 있는 매장을 보면 기분이 좋아진다. 구경만 해도 즐겁다!

제 1 장
도구와 기본 공작 편
<강사> POOH 쿠마가이

HOW TO YouTube에서 화제인
프로 모델러 POOH 쿠마가이가
도구 선택과
사용 방법을 가르쳐드립니다!

메아
건프라 제작 1년 차에 전차 모형에 관심을 가진, 호기심 왕성한 초보 모델러.

POOH 쿠마가이
높은 공작 실력으로 차례차례 역작을 만들어내고 있는 베테랑 기교파 모델러. YouTube에서도 활약 중!

모형 제작에 필요한 것

Q 전차 모형을 만들기 위해, 키트 외에 필요한 도구를 알고 싶어요

A 키트 외에 공구와 접착제, 도료와 도색 도구도 필요합니다.

●실제로 만들고 싶은 키트를 고르세요. 기본적인 공구들은 이 뒤에 소개할 것들만 있어도 됩니다만, 메이커나 차량에 따라서는 특수한 공구가 필요한 경우도 있습니다. 무엇보다 만들고 싶은 키트를 정해서 자신의 의욕을 향상하는 것이 중요! 이 의욕이 없으면 모형 제작의 참맛을 느낄 수 없다고 해도 과언이 아닙니다. 먼저 자기가 만들고 싶은 아이템을 천천히 골라보세요.

❶ 프라모델

모형 메이커는 전 세계에 있다

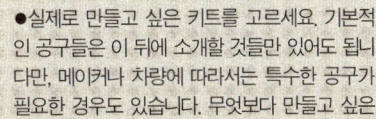

미니아트(우크라이나)　　드래곤(중국)　　이탈레리(이탈리아)

●모형 만들기의 진수는 말 그대로 「제작을 즐기는」 것이니까, 아쉽게도 키트는 그 소재 중 하나일 뿐이고, 제작에 사용할 공구들도 따로 있어야 합니다. 공구와 재료들은 한 번 사두면 계속 사용하는 것과 일정 주기로 계속 구입해야 하는 소모품까지 다양합니다. 니퍼 같은 공구류는 잘 사용하면 꽤 오래 사용하게 되니까, 처음에 적절한 것을 선택하는 것이 포인트라고 할 수 있습니다.

❷ 조립 공구

니퍼　　　　　종이 사포　　　　접착제

●캐릭터 모델 키트 중에는 도색이 필요 없는 아이템도 상당히 많아서, 프라모델을 도색하지 않고 즐기는 분도 많습니다. 하지만 전차 모형을 비롯한 스케일 모형은 도색하는 것을 전제로 단색 사출된 것이 대부분입니다. 그래서 「도색은 힘들어, 귀찮아」라고 생각하시는 분이 많으실 수도 있습니다. 하지만 도색 작업은 상당히 깊이가 있고, 자신만의 오리지널리티도 연출하기 쉬우니까, 오히려 「즐길 거리가 늘었다」라고 긍정적으로 생각하고, 도색 공구와 용품들을 준비하세요.

❸ 도색 용품

각종 도료　　붓, 도료 접시 등　　에어브러시

기본적인 공구의 종류를 파악하자

Q 모형을 만드는 데 필요한 최소한의 공구를 알고 싶어요

A 자르기, 붙이기, 깎기를 확실하게 할 수 있는 공구를 준비하세요!

자르기

니퍼

부품을 떼어내는 데 꼭 필요한 니퍼는, 모형 제작의 필수 아이템이 겠죠. 기본적으로 「모형용」이라고 나온 것을 고르면 문제없지만, 최근에는 다양한 타입이 있다 보니 어떤 걸 고르면 되는지 설명하겠습니다.

다양한 타입이 있습니다.

❶ 플라스틱용 모형 전용 니퍼. 끝이 얇고 잘 잘립니다. 단단한 것을 자르면 바로 날이 망가지니까 조심하세요.
❷ 금속용 니퍼. 날이 두껍고 단단한 것도 자를 수 있지만, 날이 무디고 작은 부품을 자르는 데는 적합하지 않습니다.

디자인 나이프

니퍼만큼이나 모형 제작에 필수인 디자인 나이프. 나이프로서의 기본 용도 외에도 다양하게 사용할 수 있어서, 모형을 만들 때 중요한 도구입니다. 모형 전문점이나 화방에서 구입할 수 있습니다.

날을 바꿀 수 있는 것이 편리

❶ 디자인 나이프는 날을 바꾸는 것이 전제입니다. 괜히 아끼지 말고, 무뎌졌다 싶으면 바로 바꿔주세요.
❷ 다양한 날이 있어서, 필요에 따라 바꿔서 쓸 수 있습니다.

그 밖에 있으면 편리한 도구

핀셋 / 마스킹 테이프 / 가위 / 드라이버 / 핀바이스

니퍼와 나이프만 있어도 어지간한 공작은 가능하지만, 여기서 소개한 공구도 준비해두면 모형 만들기가 원활해집니다. 핀셋과 핀바이스는 모형 전용을 고르세요.

● 프라모델 전용 공구 외에 일반적인 공구도 있으면 편리합니다. 모형을 처음 만들 때 무리해서 갖출 필요는 없지만, 필요하다 싶을 때 이런 공구들을 하나하나 준비해두면 좋습니다.

붙이기

플라스틱용 접착제

최근에는 「스냅 타이트 모델」이라는 접착제가 필요 없는 키트도 있지만, 대부분의 스케일 모델은 접착제 사용을 전제로 만들었기 때문에 플라스틱용 접착제를 사용합니다. 이것도 다양한 타입이 있습니다.

다양한 접착제 종류

❶ 플라스틱용 접착제의 대명사라고도 할 수 있는 타미야의 「타미야 시멘트」 플라스틱 부품을 붙일 때 등에 사용하는 기본적인 접착제. ❷ 점도가 낮은 흘려 넣는 타입의 접착제. 사용하는데 요령이 조금 필요합니다.

순간접착제

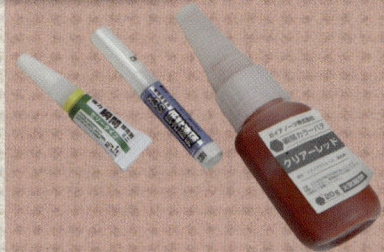

모든 키트에 반드시 필요한 건 아니지만, 순간접착제도 준비해두면 좋습니다. 순간접착제는 재질을 가리지 않고 접착할 수 있지만, 실패하면 돌이킬 수 없으니 조심해서 다루세요.

일단 준비해두면 편리

 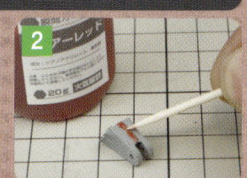

❶타미야 키트에 많이 포함되는 벨트식 궤도는 플라스틱용 접착제로도 접착할 수 있지만, 순간접착제와 경화 촉진 스프레이를 조합하면 순식간에 고정할 수 있습니다. ❷금속 부품 사이의 틈을 메우는 데도 사용할 수 있습니다.

깎기

종이 사포

각 부품을 자르고 붙인 뒤에 작업한 흔적을 깔끔하게 처리하는 것이 상급자로 가는 첫걸음. 거기서 사용하는 것이 종이 사포를 이용한 연마 작업입니다. 소모품이니까 많이 준비해두는 것이 비결입니다.

거친 정도의 차이를 익히자

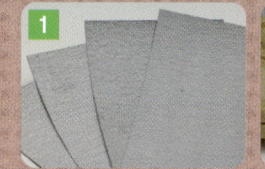 

❶종이 사포는 숫자로 거친 정도를 표시합니다. 모형을 만들 때는 400번으로 기본 작업을 하고 600번과 1000번으로 마무리합니다. ❷왼쪽은 1000번, 오른쪽은 400번으로 같은 횟수를 연마한 것. 사포 차이로 표면이 이렇게나 달라집니다.

스틱 사포 & 스펀지 사포

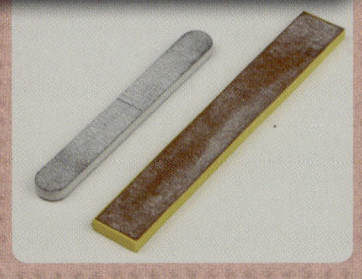 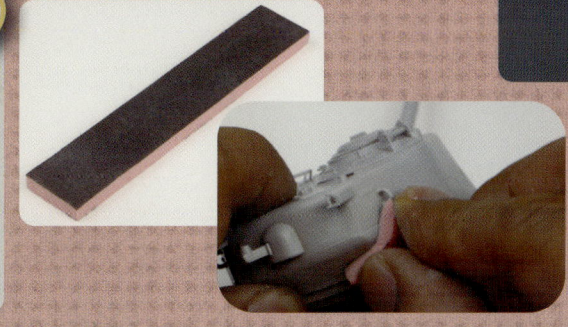

정밀한 작업이 쉬워지고 사용하기 편해서 추천

종이 사포의 보조 아이템으로 잘 사용하는 것이 스틱 사포와 스펀지 사포. 나중에 사용 방법을 설명하겠습니다.

니퍼 고르는 방법과 잡는 방법

Q 기본적인 니퍼 사용 방법에는 어떤 것이 있나요? 금액에 따른 차이도 알고 싶습니다.

A 가격 대비 성능, 자르는 성능, 내구성 등을 고려했을 때, 초보자는 타미야 얇은 날 니퍼가 좋습니다.

타미야 크래프트 툴 얇은 날 니퍼

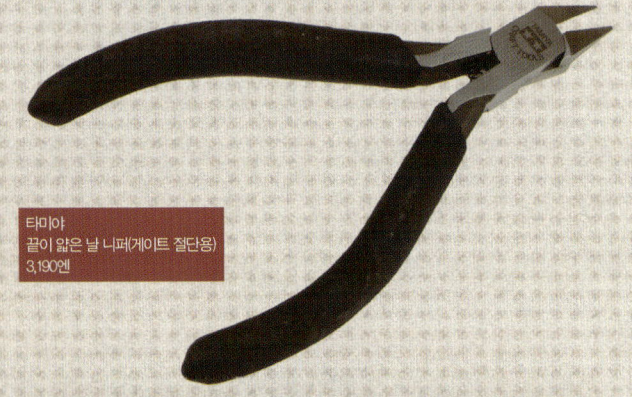

타미야 끝이 얇은 날 니퍼(게이트 절단용) 3,190엔

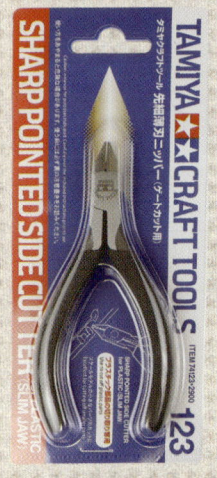

초보자는 일단 이걸 사용하면 문제없습니다!

요즘은 여러 메이커에서 모형용 니퍼를 판매하고 있는데, 일단 가격 대비 성능과 사용 편의, 내구성 등을 고려해서 모형 초보자가 가장 사용하기 편한 「얇은 날 니퍼」를 써 보겠습니다.

기본적인 니퍼 사용 방법

기본적인 잡는 방법

 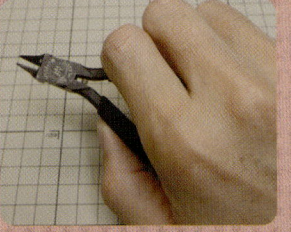

● 니퍼는 가능한 한 날과 가까운 곳을 잡고, 날 끝을 원활하게 움직일 수 있는 위치를 확인한 뒤에 사용하세요. 힘을 많이 주지 않아도 쉽게 잘 수 있는 곳이 가장 좋은 위치입니다.

● 날이 있는 쪽을 부품 쪽으로 향하게 하는 것이 기본적인 사용 방법이니까, 우묵한 부분에 있는 부품을 자를 때는 자르는 곳이 잘 보이도록 잡으세요.

기본적인 사용 방법

 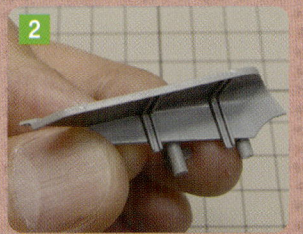

❶ 날을 부품 쪽으로 대고 자르세요. 날이 부품에 수직이 되도록 합니다.
❷ 니퍼로 자른 부분에는 크건 작건 자국이 남는데, 정상적인 상태입니다.
❸ 얇은 날 니퍼를 사용할 때 가장 주의해야 할 것은 「굵은 부품을 자를 때는 사용하지 말 것」 날이 금세 못 쓰게 돼버립니다.

니퍼 사용 방법

Q 니퍼 기법 중에 「두 번 자르기」라는 게 있다는데, 꼭 필요한 건가요?

A 용도에 따라 구분해서 사용하는데, 일단 「두 번 자르기」의 효과를 보겠습니다.

니퍼 두 번 자르기의 순서와 효과

두 번 자르기 순서

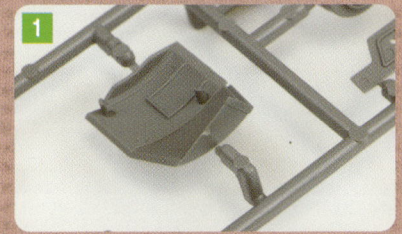

- 「두 번 자르기」는 니퍼로 부품을 떼어낼 때 부품에 생기는 자국을 줄이기 위한 테크닉입니다.
1. 실제로 부품을 잘라보겠습니다.
2. 부품에서 조금 떨어진 부분을 니퍼로 잘라줍니다.
3. 이렇게 게이트가 조금 남았습니다.
4. 부품에 남은 게이트를 더 짧게 잘라줍니다.
5. 약간 남은 게이트 자국은 이 뒤에 나이프나 사포로 처리합니다.

이럴 때는 한 번에

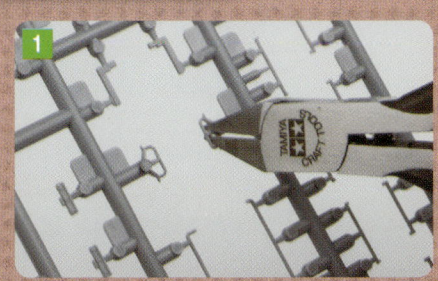

1. 작은 부품 등은 두 번 잘라도 효과가 거의 없으니까, 부품에 아슬아슬하게 대고서 잘라도 됩니다.
2. 지그(부품 접착 가이드) 부분에 게이트가 있는 부품은 절단면을 깔끔하게 처리할 필요가 없으니까 한 번에 잘라주세요.

디자인 나이프 해설

Q 디자인 나이프를 올바르게 사용하는 방법을 알고 싶어요!!

A 다치지 않게 다루는 방법을 익히는 것이 고수가 되는 지름길입니다

추천하는 디자인 나이프

니퍼만큼이나 중요한 역할을 하는 디자인 나이프. 부품 다듬기나 데칼을 자르는 등등 다양한 곳에 사용합니다. 본체는 섬세한 커팅 작업을 위한 나이프이고, 칼날을 항상 새것으로 교체해서 날카로운 상태를 지속할 수 있으며, 모형을 만들 때도 섬세한 커팅 작업을 할 수 있습니다. 단, 잘못 사용하면 다칠 위험도 있으니, 올바른 사용 방법을 익혀야 합니다.
다치지 않고 다루게 되면 나이프를 잘 사용한다는 증거. 여기서 그 방법을 설명하겠습니다.

타미야 모델러즈 나이프

● 모형점에서도 구입할 수 있는, 모델러가 입수하기 쉬운 디자인 나이프입니다. 교체용 칼날은 25개. 사용한 칼날을 넣는 케이스, 뚜껑 포함. 타미야에서는 이 나이프 외에 자루 부분을 쥐기 편하게 조정한 「모델러즈 나이프 PRO」 등도 판매하고 있습니다.

타미야 모델러즈 나이프
1,045엔

올파 디자인 나이프

올파 아트 나이프

올파 아트 나이프
428엔

● 대형 문구점이나 화방에서도 구입할 수 있는 올파제 디자인 나이프. 교체용 날 25개 포함. 올파는 커터 나이프 등의 날붙이를 판매하는 오랜 역사를 지닌 메이커. 덕분에 애용하는 모델러도 많고, 추천하는 제품입니다.

올파 아트 나이프 프로

올파 아트 나이프 프로
1,099엔

● 올파에서 판매하는 날이 큰 프로 모델. 날이 크고 두꺼운 덕분에 강성이 좋아서, 확실한 커팅 작업이 가능합니다.

디자인 나이프를 올바르게 사용하는 방법

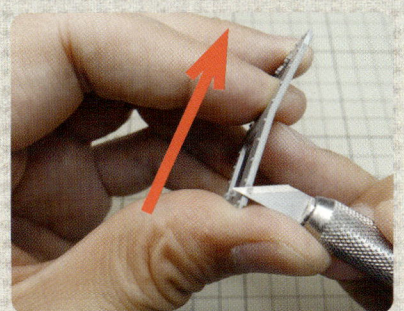

두 번 자른 뒤의 처리에도 필수

❶「두 번 자르기」뒤에 조금 남은 게이트 자국을 디자인 나이프로 잘라줍니다. ❷ 디자인 나이프 날을 게이트 자국에 댑니다. ❸ 날을 부품에 대고, 힘을 주지 않고 게이트 자국을 깎아내는 것이 요령. ❹ 익숙해지면 이렇게 나이프만 가지고도 깔끔하게 깎아낼 수 있지만, 자신이 없을 때는 이 뒤에 사포로 마무리해주는 것도 좋습니다.

칼을 잡는 손의 엄지, 집게, 중지 세 손가락으로 잡고, 다른 손의 엄지손가락으로 칼날을 밀어내는 것처럼 나이프를 움직입니다. 디자인 나이프를 잡는 손이 아니라 다른 손으로 칼날을 움직여서 힘을 조절하는 것이 요령입니다.

디자인 나이프로 이런 걸 할 수 있다!

게이트 처리

● 게이트 자국 처리에 상당히 유효. 익숙해지면 니퍼로 대략적으로 잘라낸 뒤에 나이프만 가지고 처리할 수도 있게 됩니다.

긁기

● 부품에 있는 파팅 라인 처리에 유효. 날을 부품에 수직으로 세워서 긁어주는 것처럼 조금씩 깎아주는 방법입니다.

위치 표시

● 핀바이스로 구멍을 뚫기 전에, 뚫을 위치에 칼날로 찍어서 표시해주는 경우도 있습니다. 날 끝을 축으로 몇 번 돌려서 표시합니다.

작은 부품 집기

● 작은 부품을 핀셋으로 집으면 날아가 버리기 쉽습니다. 그럴 때는 디자인 나이프 날로 살짝 찔러서 집어주세요.

데칼 자르기

● 일반적인 나이프로서의 성능도 뛰어나기에, 데칼을 자를 때에 세세한 커팅이 가능합니다.

몰드 재생

● 접착제를 너무 발라서 묻혀버린 몰드를 P커터처럼 긁어서 부활시키는 방법에도 사용할 수 있습니다.

종이 사포를 알아보자

 **Q** 사포 종류가 정말 많은데, 어떤 걸 어떤 때 쓰는 건가요?

A 부품 다듬기의 마무리는 물론이고, 다듬기 자체에도 사용합니다.

종이 사포

타미야 피니싱 페이퍼

플라스틱, 금속용 고운 눈 세트	P400번 3매 세트
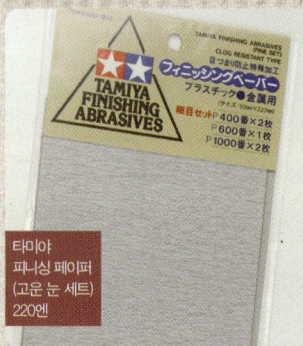	

- 400번, 600번, 1000번 내수 사포가 세트로 구성. 사용빈도가 높은 400번과 1000번은 두 장이 포함.
- 거칠게 깎아낼 때 사용하는 400번과 마무리용 1000번은 사용빈도가 높아서, 각각 3장씩 세트로 구성된 상품도 있습니다.

400번에서 시작해 1000번으로 마무리

400번 / 600번 / 1000번

사포에는 표면의 거친 정도를 뜻하는 숫자가 표시되어 있습니다. 숫자가 적을수록 눈이 거칠고, 한 번에 많이 깎아냅니다. 기본적인 사용 방법은 먼저 눈이 거친 400번으로 게이트 자국을 처리하고 그 뒤에 600번, 마지막에 1000번을 사용하면 부품을 깔끔하게 다듬을 수 있습니다.

구체적인 종이 사포 사용 방법

 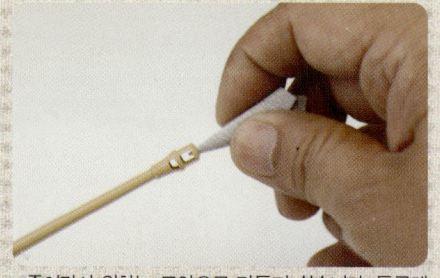 

- 먼저 가위나 디자인 나이프로 종이 사포를 원하는 크기나 모양으로 잘라주세요.
- 종이라서 원하는 모양으로 만들기 쉽습니다. 둥글게 말아서 포신 끝부분(머즐 브레이크) 안쪽 등의 우묵한 부분에도 사용할 수 있습니다.
- 평평한 면의 경우에는 사포가 너무 얇아서 작업하기 힘들 때도 있습니다. 그럴 때는 사포를 접어서 사용하면 됩니다.

스틱 사포와 스펀지 사포

스틱 사포

웨이브 사포 스틱

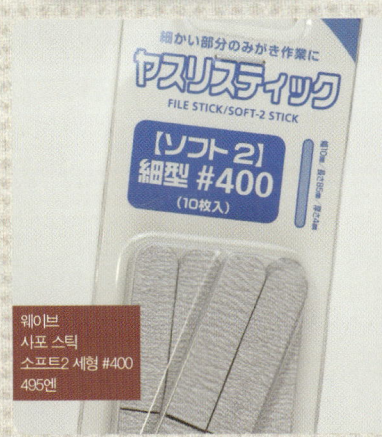

웨이브 사포 스틱 소프트2 세형 #400 495엔

●두꺼운 종이판에 종이 사포를 붙여서 적절한 탄력과 평면을 확보한 스틱 사포. 크기가 작아서 다루기 편하다. 기본적으로 소모품.

강식 사포

노스탈지아 강식 사포 본체 3개 세트 1,078엔

●프로 모델러가 프로듀스한 ABS 소재에 종이 사포를 붙인 「강식 사포」 확실한 표면 처리가 가능합니다.

평면과 모서리 부분을 연마할 때 사용

스틱 사포는 판 모양 플레이트에 종이 사포를 붙인 것으로, 예전에는 모델러가 직접 만들었습니다. 최근에는 처음부터 스틱 사포로 판매하는 것들이 있으니까 이걸 활용하세요. 확실하게 평면을 확보하며 연마가 가능해서, 모서리 등을 처리할 때 좋습니다.

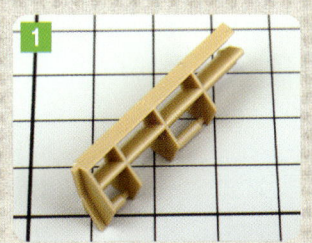

❶두 번 자르기 이후의 처리에 가장 간단한 것이 사포로 연마하는 방법. ❷남은 게이트 자국에 스틱 사포를 대고 연마해줍니다. ❸종이 사포와 마찬가지로 400번→600번→1000번 순서로 처리해줬더니, 처음부터 없었던 것처럼 게이트 자국이 사라졌습니다.

스펀지 사포

타미야 연마 스펀지 시트

타미야 타미야 연마 스펀지 시트 320 308엔

갓핸드 신 사포! 5mm 3종 세트 A 605엔

▲시트 모양이고, 임의의 크기로 잘라서 사용합니다. 탄력이 강한 편이라서 부품에 밀착시키기 편하고, 곡면 부품을 다듬을 때 컨트롤하기 쉽습니다.

갓핸드 신 사포!

곡면을 연마하는 데 최적

스틱 사포의 플레이트 부분을 스펀지로 바꾼 것. 스펀지의 특성을 살린 탄력을 이용하기 때문에, 곡면이 있는 부품의 곡면에 맞춰서 연마할 수 있습니다. 바퀴 등 둥근 부품의 게이트 자국 처리 등에 적합합니다.

보기륜 파팅 라인 처리 예시

●보기륜 중앙에 남은 파팅 라인 종이 사포로 연마하면 곡면에 각을 만들어버리게 됩니다. 스펀지 사포를 눌러주며 사용하면 곡면을 살린 채로 깔끔하게 연마할 수 있습니다.

015

고점도 접착제

접착제 종류가 너무 많아서 뭘 써야 좋을지 모르겠어요…

각각 용도가 있으니까, 어디에 써야 하는지 알아보겠습니다.

플라스틱용 접착제

고점도 접착제(걸쭉한 타입)

● 접착제 성분 속에 플라스틱 수지가 들어간 플라스틱 모델 전용 접착제. 점도가 높아서 다루기도 쉬운 점이 특징. 높은 점도 때문에 「걸쭉한 접착제」라고 부르는 모델러도 많다.

타미야 타미야 시멘트(각병) 220엔

다음과 같은 부품 접착에 사용합니다

포신 접착

작은 부품 접착

플라스틱용 접착제는 모든 부품을 접착할 때 필수인 중요한 소재입니다. 고점도 타입 접착제만 있어도 모형을 끝까지 만들 수 있지만, 용도에 맞춰 사용하면 부품을 확실하게 접착할 수 있습니다.

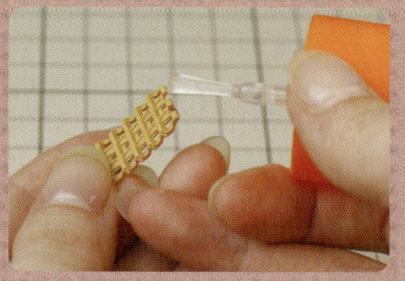

● 점도가 높아서 접착제 바르는 양을 조절하기 쉽습니다. 플라스틱 부품이라면 이 접착제만으로도 전부 접착 가능. 뚜껑에 달린 솔을 사용해서 부품에 발라줍니다.

고점도 접착제 사용법·포신 접착면을 제거하는 경우

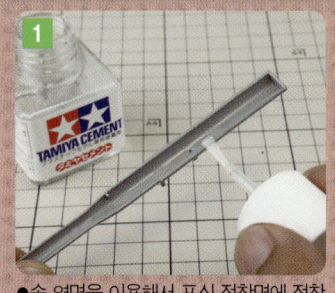
1
● 솔 옆면을 이용해서 포신 접착면에 접착제를 많이 샆게 발라줍니다.

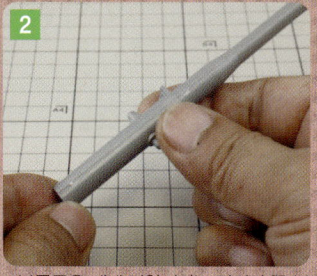
2
● 부품들을 세게 밀착시키는 것처럼 꼭 붙여주세요. 이때 부품이 어긋나지 않게 주의.

3
● 이렇게 접착제가 조금 삐져나온 정도가 딱 좋은 상태. 이대로 완전히 말려주세요.

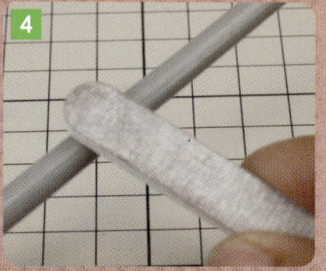
4
● 약 하루 동안 놔둬서 완전히 건조한 뒤에 접착면을 연마해줍니다. 녹은 수지가 일체화되면서 접합선이 완전히 사라졌습니다.

저점도 접착제

저점도 타입(묽은 타입)

GSI 크레오스
Mr. 시멘트 S
275엔

타미야
타미야 시멘트
(흘려 넣는 타입)속건
374엔

타미야
타미야 시멘트
(흘려 넣는 타입)
330엔

속건 타입
● 휘발성이 높아서 바른 순간에 접착 가능. 또한 유동성이 상당히 높아서 부품의 작은 틈에도 흘려 넣어서 확실하게 접착할 수 있습니다.

노멀 타입
● 수지가 들어가지 않아서 묽은 타입이라는 점은 속건 타입과 같지만, 이쪽은 건조 시간이 약간 긴 타입입니다.

다음과 같은 부품 접착에 사용합니다

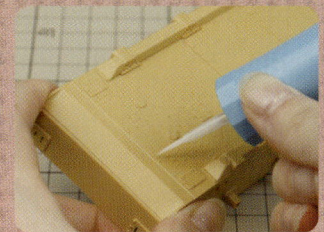

● 플라스틱 수지가 없어서 물처럼 묽은 것이 특징. 밀착한 부품 사이에 흘려 넣어서 사용합니다. 점도가 낮아서 붓에 잔뜩 묻히면 부품 표면에 접착제가 흘러 버리니까, 사용할 때는 특히 양에 주의하세요.

묽은 타입 접착제 사용 방법

● 접착면이 밀착했는지 확인한 뒤에, 묽은 타입 접착제를 흘려 넣습니다.

● 약간 삐져나와도 되도록, 완성한 뒤에 눈에 띄지 않는 부분을 골라서 흘려 넣어 주세요.

● 묽은 타입은 손가락에 반응해서 표면에 나오는 경우가 있으니까, 밀착 라인을 건드리지 않도록 조심.

● 이렇게 잡으면 안 됩니다. 밀착 라인을 건드린 탓에 접착제가 손가락을 타고 흘러 나오게 됩니다.

Q 플라스틱용 접착제로 엉뚱한 부품을 붙여버렸어요…

A 저점도 타입 접착제를 사용해서, 다음 순서대로 떼어내 보세요

1 ● 접착해서 완전히 건조된 큐폴라 부품. 꿈쩍도 하지 않는데, 이걸 떼어내 보겠습니다.

2 ● 접착 라인을 따라서 묽은 접착제를 흘려 넣습니다. 부품 표면으로 흘러나오지 않도록 조심하세요.

3 ● 약 1~2분이 지난 뒤에 부품에 살짝 힘을 줘 보면, 접착 부분이 녹아서 부품이 떨어집니다.

4 ● 너무 오래 놔두면 묽은 접착제가 굳어버리니까, 상태를 보면서 진행하세요.

순간접착제

Q 걸쭉한 타입과 묽은 타입 접착제를 착각해서 사용하면 어떻게 되나요?

A 묽은 접착제는 잘못 사용하면 돌이킬 수 없습니다…

접착제를 잘못 사용한 비참한 결말

● 표면에 흘러나온 접착제가 손가락과 부품 사이로 들어가서, 부품 표면에 지문이 찍혀버렸다.

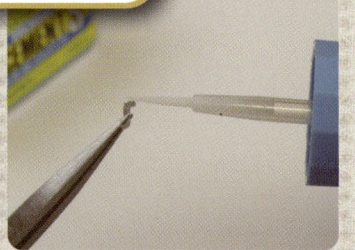
● 작은 부품 접착에 묽은 타입을 사용했더니, 부품 전체에 접착제가 흘러버려서 부품이 녹아버렸다.

● 분할식 궤도 접착에 묽은 접착제를 사용했더니, 플라스틱 지그에 붙어버렸다.

앞서 말한 것처럼 묽은 타입 저점도 접착제를 사용할 때는, 걸쭉한 고점도 접착제보다 요령이 필요합니다. 잘 이해하고 사용하면 정말 편리하지만, 특성을 이해하지 못한 채로 사용하면 실패로 이어지기 쉽고, 최악의 경우에는 키트를 망쳐버릴 수도 있습니다. 자신이 없을 때는 걸쭉한 타입 위주로 사용하세요. 여기서는 묽은 타입의 실패 사례를 소개하겠습니다.

Q 초보자가 순간접착제를 사용해도 되나요?

A 다루기 쉬운 젤리형 순간접착제를 사용하세요

아론알파 본드 젤리형 순간

아론알파 아론알파 젤리형 329엔

타미야 순간 접착제 젤리 타입

타미야 타미야 순간 접착제 (젤리 타입) 369엔

● 순간접착제는 플라스틱 전용 접착제로는 접착할 수 없는 금속이나 천 부품 등, 플라스틱이 아닌 부품의 접착에 사용합니다. 순간접착제에도 점도에 따른 차이가 있는데, 점도가 가장 높은 「젤리 타입」을 추천합니다. 모형점에서 구입할 수 있는 타미야도, 문구점 등에서 구입할 수 있는 아론알파도 모두 특성은 똑같습니다.

순간접착제를 사용하는 부품

● 이쪽은 타미야 IV호 전차 G형에 포함된 견인 밧줄 부품. 밧줄 부분이 나일론이라서 플라스틱 전용 접착제로는 확실하게 접착할 수 없습니다. 그래서 젤리 타입 순간접착제를 사용합니다.

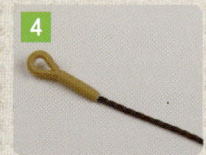

❶ 견인 밧줄 기부 부품에 젤리 타입 순접을 살짝 발라줍니다. ❷ 기부 부품을 잘 고정하고 밧줄 부품을 접착합니다. ❸❹ 마른 뒤에 삐져나온 부분을 다듬어줍니다.

부품 다듬기 기본 공정

 **구체적인 부품 다듬기부터 접착까지 공정을 알고 싶어요**

 **기본적으로 다음과 같은 순서로 작업합니다**

Q : 지금까지 설명으로 각 공정의 순서는 이해했습니다. 그런데 몇 가지 공정을 오가며 중복해서 하는 등등 작업의 흐름 자체는 아직 완전히 이해하지 못했습니다. 대략적인 작업 흐름을 가르쳐주실 수 있을까요?

A : 「각 공정이 무엇을 하기 위한 것인가」를 올바르게 알려드리고 싶어서, 먼저 공정별 목적과 수단부터 소개했습니다. 이것을 이해한 상태에서 아래에 소개할 모형 조립의 전체 흐름을 보면, 공정 순서의 합리성을 이해하실 수 있을 겁니다.

❶ 부품 떼어내기

●먼저 각 부품을 확실한 방법으로 떼어냅니다. 부품에 흠집이 남지 않도록 조심하며 작업하세요. 자신 없는 부분은 무리하지 말고 「두 번 자르기」로 부품에 대미지를 주지 않도록 하세요.

❷ 부품 다듬기(나이프)

●디자인 나이프로 잘라낸 부분을 처리합니다. 익숙해지면 이 단계에서 다듬기를 끝낼 수도 있지만, 일단은 대략적으로 잘라낸 게이트 자국을 살짝만 남게 다시 자른 뒤에 나이프로 다듬는다… 는 흐름을 의식해주세요.

❸ 부품 다듬기(사포)

●약간 남은 게이트 자국이나 파팅 라인은 종이 사포나 스틱 사포로 완벽하게 처리합니다. 평면 부분에는 스틱 사포를 적극적으로 사용하고 곡면 부분에는 스펀지 사포를, 둘 다 사용하기 힘든 곳은 종이 사포를 사용해서 다듬어주세요.

❹ 각 부품을 한 번에 다듬자

●이 뒤에 접착할 부품은 처음 단계에서 전부 다듬어주세요. 어중간한 부분만 다듬고 접착까지 해버리면, 어긋나거나 했을 때 대처하기 힘들어집니다.

❺ 부품 가조립

●각 부품을 접착하기 전에 가조립을 합니다. 다듬은 부품을 맞춰보며, 접착제를 사용하지 않고 마스킹 테이프 등으로 고정해서, 혹시나 어긋난 부분은 없는지 확인하세요.

❻ 접착

●부품 접합에 문제가 없는지 확인했으면, 부분부분 접착하세요. 가조립한 상태에서 접착할 부분만 마스킹 테이프를 떼어내고, 접착제를 사용해 접착합니다.

LET'S TRY!

실천!! 타미야 IV호 전차를 초보자 여성이 만든다

❶ 부품 떼어내기와 다듬기

지금까지 배운 내용을, 초보 모델러 메아가 실천해보겠습니다. 먼저 부품 떼어내기와 다듬기부터 도전하겠습니다. 재료는 타미야 IV호 전차 G형입니다.

1~2 · 부품 떼어내기
● 설명서를 잘 읽은 뒤에, 먼저 니퍼를 이용해 런너에서 부품을 떼어냅니다. 이때 부품에 너무 가까운 곳을 자르지 않도록 조심했습니다. 게이트를 남긴 채 자르면 안심하고 작업을 진행할 수 있어서, 아주 편하게 진행했습니다.

3~4 · 게이트 자국 처리
● 디자인 나이프를 사용해서 부품에 남은 게이트 자국을 처리합니다. POOH 쿠마가이 선생님은 '익숙해지면 이 단계에서 처리를 끝낼 수 있다'라고 하셨는데, 저한테는 도저히 무리라서 게이트 자국이 0.2~0.3mm 남는 정도로 처리했습니다.

5~6 · 스틱 사포로 처리
● 남은 게이트 자국을 처리할 때, 스틱 사포를 사용하면 정말 간단해서 추천합니다. 주의할 점은 부품 면에 사포를 확실하게 대주는 것입니다. 이것만 지키면 게이트 자국이 남았던 면이 깔끔해집니다.

POOH KUMAGAI's SPECIAL MODEL GALLERY
French Army Heavy Tank ARL-44

지금까지 모형 공작의 기본을 가르쳐주신 POOH 쿠마가이 씨의 작품을, 제1장 마지막에 소개하겠습니다. 지금까지 배운 공작 작업의 연장선상에 이 풀 스크래치 빌드 작품이 있다는 건가요… 대단해!

협력 : 월간 아머 모델링(대일본회화 간행)
2018년 4월호~2019년 8월호 게재

● 이것은 예전에 제작했던 풀 스크래치 작례입니다. 당시에는 ARL-44의 키트가 존재하지 않아서 없으면 만들어버리자는 생각으로 시작했는데, 일 년 동안 만들어서 완성했습니다. 완성 직전에 어뮤징 하비에서 키트가 발매됐지만요(웃음).
간단하게 구할 수 있는 재료와 익숙한 공구만 사용해서 만들었고, 플로터나 3D 프린터 같은 특별한 것들은 사용하지 않았습니다.
도면을 그리고, 거기에 맞춰서 프라판을 정확하게 잘라내고, 수평과 직각을 의식하면서 접착. 그런 작업들을 거듭했습니다.
프라판 외의 소재는 각종 크기의 프라봉과 플라스틱 자재, 프라 파이프, 엔진 후드 위에 있는 둥근 덕트는 레진 복제품, 머플러에 실납, 그리고 철 망류입니다.

유용한 부품은 보기륜, 궤도는 타미야 르노 B1bis, 포신은 같은 타미야제 센추리온 것을 사용했습니다. 그리고 자잘한 보기류나 공구 등은 적당한 전차에서 가져왔습니다.
사진을 보면 아시겠지만, 대부분이 프라판 공작입니다. 자르고, 다듬고, 단면 처리 등의 기본적인 작업을 확실하게 처리하고 꾸준히 거듭한 결과, 얼핏 보기에는 불가능할 것 같은 전차 풀 스크래치를 해냈습니다.
모형 고수가 되는 지름길은, 어쨌거나 이런 기본적인 작업의 중요함을 이해하고 실천하는 것밖에 없습니다.
모형을 잘 만들고 싶다면, 꼭 기초를 확실하게 마스터해주세요.
(POOH 쿠마가이)

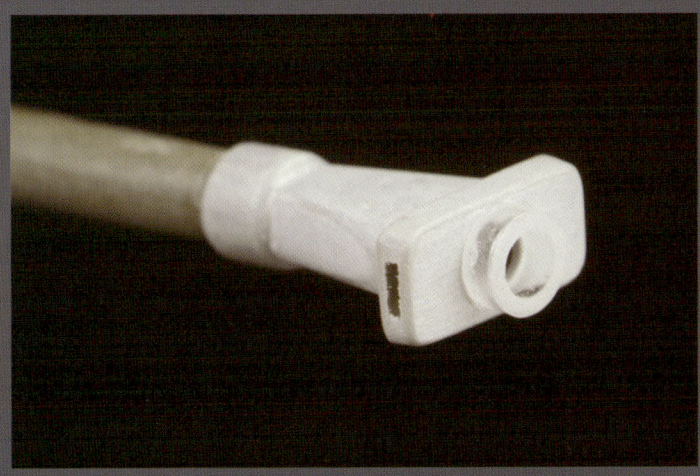

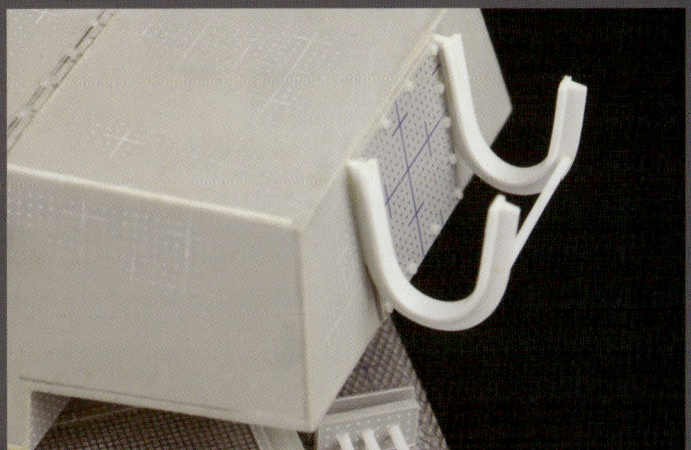

다듬기 Other Questions

 **전차 모형과 건프라 중에 뭐가 더 어렵나요?**

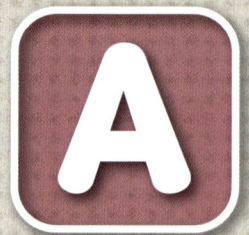 **어렵다고 겁먹기보다 즐거움을 우선하세요**

Q : 이번에 전차 모형을 처음 만들어보고, 지금까지 만든 건프라와 꽤 다르다고 느꼈습니다. 전차 모형 쪽이 더 높은 수준의 기술이 필요할까요?
A : 완성 수준을 높인다면 어느 쪽이건 높은 수준의 기술이 필요하지만, 개인적으로는 도색 등으로 얼버무릴 수 있는 만큼 전차 모형 쪽이 초보자에게 어울린다고 생각합니다. 그보다 그런 건 신경 쓰지 말고 모형 만들기를 즐기는 쪽이 무엇보다 중요합니다.

 **100엔 숍에서 파는 공구도 모형 제작에 사용할 수 있나요?**

 **사용하기에 따라서는 효과적인 것도 있습니다**

Q : 이번에 다양한 모형 도구를 배웠는데, 100엔 숍에서 파는 공구도 쓸 수 있을까요?
A : 초보자라면 모형 전문 공구를 쓰는 쪽이 무난합니다. 하지만 고르는 요령이 필요하기는 하지만, 100엔 숍에서 파는 상품도 쓸모없는 건 아닙니다. 여기서 몇 가지 「뭐가 쓸만하지?」「어떻게 쓸까?」를 소개하겠습니다.

니퍼
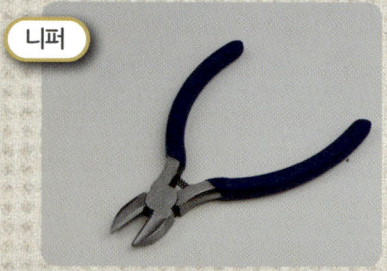

커팅 매트

순간접착제
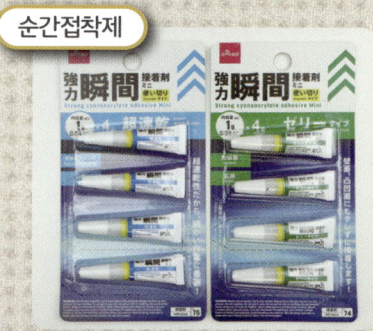

●100엔숍 니퍼나 디자인 나이프는 부품 잘라내기에 쓰기에는 날의 정밀도가 부족하지만, 대략적인 잘라내기 전용 등의 소모품 공구라고 생각하고 쓰면 아주 좋을지도 모릅니다.
종이 사포도 거친 눈은 괜찮을지도 모르겠네요. 커팅 매트와 순간접착제도 의외로 쓸만합니다. 정밀한 작업에 영향을 주지 않고, 자주 새로 사야 하는 것들이라면 100엔 숍 아이템도 괜찮을 겁니다.

디자인 나이프

종이 사포

공구보관함

제 2 장 조립 편

〈강사〉 사이토 요시타카

기본 사양에서 개조까지
폭넓은 모델링이 특기인 AFV 모델러
사이토 요시타카가 가르쳐드립니다

사이토 요시타카
도이 마사히로 씨에게 밀리터리 모델을 배웠고, 모형 잡지에서 정기적으로 작품을 발표하고 있다.

 제가 개인적으로 조립한 IV호 전차가 왠지
초보자가 만든 것처럼 보이는 이유가 뭘까요?

**조립 순서와 포인트를
알아두면 괜찮습니다!**

간단한 기본 공작에도 전부 확실한 의미가 있습니다. 하지만 그 효과를 모른 채 막연하게 작업하면 「뭔가 부족해」라는 느낌으로 완성하게 됩니다. 여기서는 그런 공작의 포인트를 배워보겠습니다.

전차 전문용어 사전

 솔직히 말하자면 전차 각 부분의 명칭을 모르겠어요…

전차 모형 전문서를 보면 아주 당연하다는 것처럼 「궤도」, 「포탑」, 「보기륜」 같은 실제 전차 용어로 설명하고 있는데, 모형으로 전차를 처음 접한 초보 모델러한테는 도저히 이해할 수 없는 말들입니다. 그래서 일단 전차 전문용어의 명칭과 의미를 배워보겠습니다.

주요 부분 명칭을 설명하겠습니다

큐폴라
●포탑에 있는 전망탑. 승무원이 전차에서 나오지 않고 주위를 둘러볼 수 있다. 전차를 지휘하는 전차장이 사용한다.

벤틸레이터
●차내의 공기를 배출하기 위한 환풍기. 인체에 영향을 주는 총화기에 의한 연기를 밖으로 배출하는 장치. 포탑 윗면에 있는 경우가 많다.

동축 기총
●포탑에 배치돼서 주포와 같은 방향(조준)에 탑재된 기관총. 장갑이 없는 적에게 사용한다.

방순
●주포 기부를 적의 탄으로부터 방어하는 방탄판.

포신
●주포는 전차에 탑재된 것 중에서 가장 강한 파괴력을 지닌 병기를 뜻한다. 포탄이 통하는 관을 포신이라고 한다.

삽
●흙을 파는 도구. 전차가 진창에 빠졌을 때 등에 사용한다.

도끼
●차재 장비품 중 하나. 진흙에 빠진 전차를 탈출시키기 위해 궤도에 물릴 나무 등을 자를 때 등에 사용한다.

관측창
●전차장 이외의 승무원이 주위를 보기 위한 창. 개폐식으로 전투 중에는 닫아둔다. 방탄 유리를 장비하는 경우가 많다.

예비 궤도
●궤도가 파손됐을 때 교체하기 위한 궤도. 적탄으로부터 방어하기 위한 방탄판 역할로 차체 각 부분에 배치하는 경우도 있다.

안테나
●무전기 안테나. 용도나 생산 국가에 따라 모양은 다양하지만, 제2차 대전 이후의 전차에는 반드시 장비되어 있다.

와이어 커터
●차재 장비품(On Vehicle Materials를 줄여서 OVM이라고도 한다) 중 하나. 철조망 등의 금속선을 자르는 거대한 절단기.

시동 크랭크
●보통 엔진에 시동을 걸 때는 전동 모터를 사용하지만, 제대로 작동하지 않을 때 수동으로 시동을 걸기 위한 도구.

전면 기총
●주포 동축 기총과 별개로 비장갑 차량이나 보병과의 전투에 사용하는 기관총. 차체 정면에 있는 것을 뜻한다.

궤도
●구동부에 감아놓은 띠 모양의 바퀴. 판을 연결해서 고리 모양으로 만든 것을 무한궤도라고 한다. 캐터필러라고도 부른다.

- 구동륜
  - ●동력을 궤도에 전달하는 바퀴. 돌기를 궤도에 물려서 회전시킨다. 구동륜이 뒤쪽에 있는 차량도 있는데, 이 경우에는 반대쪽이 유동륜이 된다.

- 잭 받침
  - ●잭을 사용할 때, 잭이 바닥에 박히지 않도록 지면과 잭 사이에 끼워서 사용한다.

- 도구함
  - ●승무원의 의류 등 휴대품을 넣어두는 상자. 독일군 전차에서는 「게팩카스텐」(독일어)이라고 한다.

- 엔진 덱
  - ●엔진이 들어간 부분의 윗면.

- 후미등
  - ●승용차 등의 후미등과 같은 것. 브레이크 등도 장비하는 경우가 많다.

- 보기륜
  - ●지면에 닿는 궤도를 안쪽에서 받쳐주는 바퀴.

- 견인 와이어
  - ●전차를 견인할 때 사용하는 금속 밧줄. 자차나 다른 차량이 주행 불가능한 경우에 사용.

- 쇠지레
  - ●단단한 금속제 막대 모양 공구. 주로 구동부 수리에 사용. 그 밖에도 다양하게 사용. 일명 빠루.

- 상부 보기륜
  - ●위쪽 궤도를 받치는 바퀴. 보기륜이 큰 차량에서는 없는 경우가 많다.

- 잭
  - ●주로 궤도나 보기륜 등 구동부 부품을 정비할 때 사용하는 공구. 차체와 지면 사이에 끼우고 잭을 올려서 차체를 들어 올린다.

- 소화기
  - ●고장이나 공격으로 화재가 발생했을 때 사용. 소화기는 차 안에도 있다.

- 추돌 방지등
  - ●야간에 후속 차량이 이 라이트를 보고 앞쪽 차량과의 거리를 가늠한다. 불빛 숫자 등의 차이로 대략적인 거리를 알 수 있게 되어 있다.

부위별로 분류한 명칭

- 포탑
  - ●주포탑이 노출되지 않고 전부 가려지고 선회하는 것을 뜻한다. 선회하지 않는 경우에는 전투실, 기총의 경우에는 총탑이라고 한다.

- 차체
  - ●포탑 아래 부분을 차체라고 한다. 또한 차체를 차체 윗면, 차체 하부(섀시), 차체 전부·후부 등으로 각 부분별로 분류하는 경우도 있다.

- 구동부
  - ●궤도와 각 바퀴, 서스펜션 등 주행장치(엔진 등의 내부 부품은 제외) 부분을 가리킨다.

지난번에 부족했던 부분을 체크!

 **제가 만든 IV호 전차는 왜 초보자가 만든 느낌이 드는 걸까요?**

 세세한 부분에 「조금만 더」 했으면 싶은 포인트가 있습니다. 하나하나 확인하겠습니다!

● 적절한 접착제를 사용하지 않은 탓에, 표면에 흘러서 자국이 남았다.

접착제가 흘렀다

● 펜더를 올리기 위한 스프링의 위치가 어긋나게 접착되었다. 설명서를 잘 보면 피할 수 있었다.

위치가 어긋났다

지문이 묻었다

● 접착제를 바른 뒤에 지문이 찍혀서 자국이 남았다. 접착제 종류를 잘못 사용했고, 손으로 잡는 위치도 좋지 않았다.

접착제 자국

● 부품 표면에 접착제 자국이 남아 있다.

게이트 자국

● 궤도 옆과 소품에 게이트 자국이 남아 있다.

- 게이트 처리가 부족해서 부품과 부품을 접착할 때 틈새가 남았다.

틈새 ①

- 잘못 접착한 부품을 떼어내고 억지로 다시 붙인 탓에 틈새가 생겼다.

틈새 ②

부자연스러운 아래 궤도

- 아래쪽 궤도가 맞지 않아서 들쭉날쭉.

접착 위치가 잘못됐다

- 예비 궤도 랙 부품을 잘못된 위치에 붙였다.

접합선 처리 부족

- 아주 눈에 띄는 머즐 브레이크의 접합선을 처리하지 않아서, 초보자가 만든 느낌을 강조하고 말았다.

029

차체 조립 순서

Q 전차 모형은 「설명서 순서대로 조립하지 않는 게 좋다」고 들었는데, 어째서죠?

A 특히 외국 키트에서 많이 보이는, 부품 틀어짐 등에 대처하기 위해 큰 부품부터 조립합니다.

프로 모델러의 제작 순서를 알아보자!

외국 키트는 부품이 틀어진 경우도 있지만 차체부터 조립하면 대처할 수 있습니다

틀어진 부품 / **대처해서 조립한 예**

● 왼쪽 사진은 외국제 키트의 차체 하부 부품입니다. 정면에서 보면 부품 전체가 크게 틀어진 걸 알 수 있습니다. 조립 설명서에서는 이 부품 이전에 궤도를 포함한 구동부를 조립한 뒤에 차체 상부를 접착하라고 하는데, 그 순서대로 조립하면 차체 윗면을 접착한 단계에서 하부의 틀어짐을 강제적으로 보정하게 돼서 구동부 부품 등이 크게 틀어져 버립니다. 또한 여러 부품을 접착하면서 차체 하부의 강성이 강해져서, 틀어짐을 보정하지 못하고 틈새가 발생하기 쉬워집니다. 하지만 조립 순서를 바꿔서 차체부터 조립하면 오른쪽 사진처럼 대처할 수 있습니다.

STEP-1 · 차체 조립

● 먼저 가장 큰 부품인 차체 윗면과 하부를 조립합니다. 큰 부품의 틀어짐은 전체적으로 큰 영향을 주니까, 이 시점에서 차체 윗면과 접착해서 틀어진 부분이 교정된 것을 확인한 뒤에 다음 단계로 이행합니다.

● 「큰 부품부터 조립」은 차체를 정확하게 조립하기 위한 큰 이념이지만, 차체 내부의 부품 등은 처음에 접착해야 하니까 주의하세요. 아크트 티거의 경우에는 포탑이 없어서 차체 윗면과 밑면 다음에 차체 하부 후면, 그리고 차체 전면 장갑을 접착… 그런 순서로 큰 부품을 접착해서 차체 전체를 조립합니다.

STEP-2 · 서스펜션

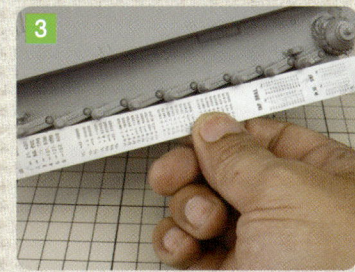

● 틀어지지 않은 차체를 조립했으면 구동부를 조립합니다. 구동부 조립은 차체를 집어 들거나 만지는 일이 많은 작업입니다. 그래서 차체에 작은 부품을 붙이기 전에 해주면, 손으로 잡는 부분에 신경 쓸 필요가 없어지고 파손도 적어집니다.

❶ 먼저 서스펜션 암 부품에 접착제를 바르고 차체에 붙여주세요. 부품을 하나하나 다듬고 붙이는 게 아니라, 전부 다듬어두고 한 번에 접착합니다.
❷❸ 접착제가 굳기 전에 쇠자를 대서 보기륜 부품을 끼울 핀의 높이가 일정한지, 그리고 차체 좌우 핀의 높이가 같은지 확인하세요.

STEP-3 · 메인 부품 접착

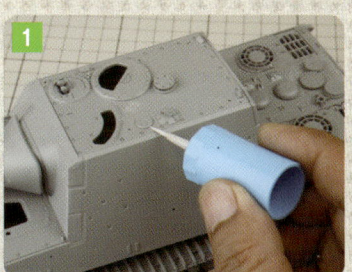

● 차체 각 부분 부품을 조립합니다. 구석진 부분에 있는 부품, 큰 부품, 비교적 작은 부품 순서로 조립하세요. 조립 설명서의 지시와 다르게 조립하는 것이니까, 부품을 빠트리지는 않았는지 조심해야 하지만, 그래도 작업이 아주 편해집니다.

❶ 시간을 들여서 조립하다 보면 부품을 빠트리기 쉽습니다. 그래서 차체 전면, 윗면 등 각 면을 구분해서 작업하면 빠트리는 걸 막을 수 있습니다.
❷ 에칭 부품 접착 같은 특수한 작업은 먼저 해두세요.
❸ 마지막으로 차체 각 부분에 있는 고리 등, 작은 부품을 붙여주세요.

STEP-4 · 망가지기 쉬운 부품 접착

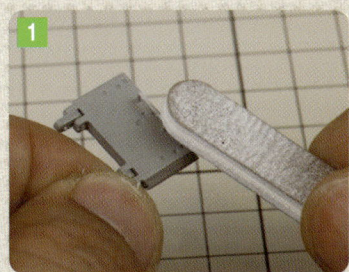

● 손잡이 등의 아주 가늘고 잘못 건드리면 파손되기 쉬운 부품은 마지막에 조립해주세요. 그리고 작은 부품은 잡기 힘들고 다듬을 때 힘을 잘못 주면 부러질 수도 있습니다. 여기서는 다듬는 방법을 소개하겠습니다.

❶ 부러지기 쉬운 부품은 단독으로 다듬지 않는 쪽이 무난합니다. 먼저 부품이 런너에 붙어있는 상태에서 파팅 라인을 처리합니다.
❷ 그 뒤에 런너에서 떼어내 차체 등에 접착합니다. 접착제가 굳어서 부품이 확실히 고정되면 사포로 게이트 자국을 다듬어주세요.
❸ 예비 궤도 랙 등도 같은 방법으로 작업하세요.

차체를 확실하게 조립하는 요령을 배웠으니까, 다시 도전하겠습니다! 타미야 키트는 크게 힘들지 않다고 하지만, 그래도 조심해서 조립합니다.

❷ 차체 조립

1~2 · 차체 하부 부품부터 조립합니다

● 타미야 키트는 설명서대로 조립해도 괜찮다고 하지만, 그래도 조심해서 차체 하부 큰 부품부터 조립합니다. F33 부품의 점검 해치 부품 E16도 이 시점에서 접착해두면 확실하게 조립할 수 있습니다.

3~4 · 큰 부품부터 팍팍 접착

● 설명서 순서를 무시하고, 일단 큰 부품부터 접착합니다. 이 시점에서 부품이 정확하게 접착됐는지 신경 써야 하는데, 이 순서대로 하면 그런 체크도 하기 쉽습니다.

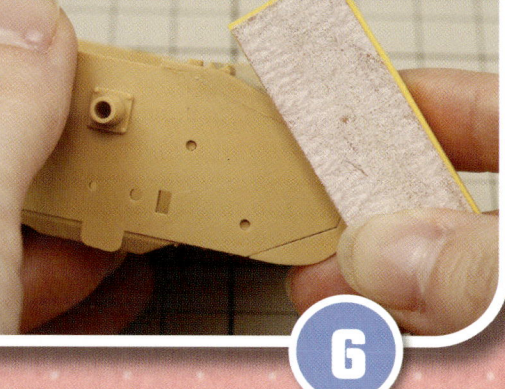

5 · 차체 하부를 대부분 접착 완료

● 차체 하부 부품의 기본 조립이 끝났습니다. 아직 자잘한 부품을 조립하지 않아서 제대로 수평, 수직이 잡혀 있는지? 체크하기가 쉽습니다. 정밀도가 높은 타미야 키트지만, 방심하지 않고 이런 부분을 신경 쓰다 보면, 초보자 느낌이 물씬 나는 나는 틀어짐이 생기는 걸 막을 수 있을 거라고 실감했습니다.

18~20 · 자르고, 깎고, 붙이는 기본을 확실하게
● 차체 윗면 후부의 덕트 부품 등은 복잡한 부품 구성에 당황하기 쉽지만, 부품 하나하나를 확실히 다듬어두면 퍼즐 조각처럼 제 위치에 딱 들어가게 됩니다. 만약 잘 안 들어가는데? 싶으면 엉뚱한 위치일 가능성이 있으니까, 조립 설명서를 잘 읽고 확인해보세요.

21~22 · 기총은 먼저 붙여주자
● 기총 부품은 나중에 붙일 수 없으니까, 처음 단계에서 다듬고 차체 전면에 확실하게 접착해주세요.

23~28 · 해치류는 뒷면에 접착
● 차체 후부 엔진 덱에 있는 해치 부품은, 차체 안쪽에서 묽은 타입 접착제로 접착해주면 깔끔하게 붙여줄 수 있습니다.

24 · 묽은 접착제는 조금씩!
● 묽은 타입 접착제를 사용하는 요령은 「생각했던 것보다 적은 양으로」입니다. 접착제 양이 많으면 표면까지 넘쳐나니까, 아무튼 접착제 양은 조금을 명심하세요.

궤도 조립

 **궤도를 조립할 타이밍을 모르겠어요…**

기본적으로는 도색 전에 조립해서 장착합니다

키트마다 다른 궤도

초보자에게 추천하는 벨트식

●예전 타미야 키트에 들어 있는 벨트식 궤도는, 플라스틱용 접착제로 접착할 수 있고 도색도 플라스틱 전용 도료로 할 수 있는, 초보자에게 정말 고마운 존재. 리얼리티를 추구하려면 처진 표현 등을 만드는 데 요령이 필요합니다.

조금 어려운?! 부분 연결식

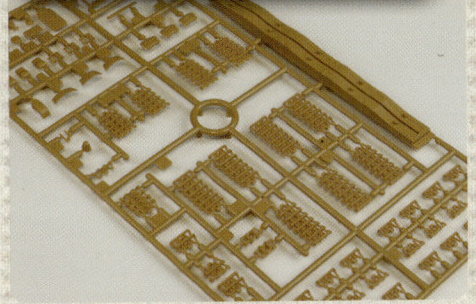

●최근 타미야 키트에 많은 부분 연결식 궤도, 일체 성형된 직선 부분과 구동륜, 유동륜의 곡면 부분용으로 한 칸씩 분할된 부품으로 구성되었습니다. 궤도가 처진 모양도 표현돼 있어서 리얼하게 만들 수 있습니다.

하드코어! 전부 연결식

●외국 키트 등에서 많이 볼 수 있는 완전 분할식 궤도. 실물 궤도와 같은 부품 구성이라서 리얼리티를 추구하는 본격파 모델러에게는 정말 고마운 존재지만, 초보자에게는 조금 어려울지도.

먼저 벨트식 궤도를 리얼하게 만들어보자

●벨트식 궤도는 초보 모델러도 간단히 만들 수 있지만, 연질 소재라서 사진처럼 팽팽한 상태가 됩니다. 리얼함을 추구한다면 궤도 위쪽이 약간 처진 상태로 해주고 싶습니다.

●그래서 벨트식 궤도에 약간의 요령을 발휘해서, 이렇게 처진 상태를 재현해보겠습니다. 플라스틱 전용 접착제로 접착할 수 있으니까, 그 특성을 살리면 간단히 재현할 수 있습니다.

❶벨트식 궤도를 감아준 뒤에 티슈를 채워서 처진 상태를 만들어줍니다. ❷보기륜과 궤도 사이에 흘려 넣는 타입 접착제를 약간 흘려 넣어주세요. ❸마를 때까지 기다리세요.

035

궤도 로코 조립에 대하여

Q 상급자용 궤도 조립 방법을 알고 싶어요!

A 완전 연결식 궤도에는 「로코 조립」이 좋습니다

로코가 대체 뭐죠?

●플라스틱 성형 키트를 간단히 조립한 「반완성품 상태」 패키지도 신선했습니다.

로코는 유럽의 철도 모형 메이커로, HO 스케일(약 1/87)에 맞춰서 다양한 군용 차량 키트를 반완성품 상태로 판매했습니다. 로코가 특수했던 점은 구동부의 부품 분할인데, 보기륜과 궤도가 하나로 사출돼서 간단히 조립할 수 있던 덕분에 일본에서도 유명했습니다. 아쉽게도 지금은 도산했습니다.

●패키지에서 꺼내서 간단히 조립된 차체를 분해하면 평범한 프라모델 상태가 됩니다. 소재는 프라모델과 같은 플라스틱이라서, 모형용 도료나 접착제를 사용해서 만들 수 있습니다. 좌우 구동부 부품에 주목!

전차 모형 로코 조립

●1/35 스케일 전차 모델의 구동부를 로코 제품처럼 분할식 궤도와 보기륜을 일체화해서 조립하는 것이 「로코 조립」. 완성한 뒤에 구동부만 분리할 수 있습니다.

전차 모형을 갓 시작한 사람이 반드시 생각하는 「궤도 도색을 고려한 조립 방법을 모르겠다」는 의문을, 로코의 구동부 부품 구조가 이미 해결했었습니다.
「로코처럼 조립하면 도색할 걱정 없이 조립할 수 있다!」라면서 만들어낸 것이 이 '로코 조립'입니다. 실제로는 나중에 그런 걱정을 할 필요 없이 조립해도 문제없다고 판명됐기 때문에 로코 조립은 사라져갔지만, 지금도 「구동부 도색에 더 공들이고 싶다」라는 일부 모델러들이 활용하고 있는 기법입니다.
차량에 따라서는 활용할 기회가 있을지도 모르니까 설명하겠습니다.

프로의 로코 조립 순서

▲구동부 부품을 다듬은 뒤에 차체에 서스펜션 암 부품만 접착합니다. 수평이 되도록 주의.

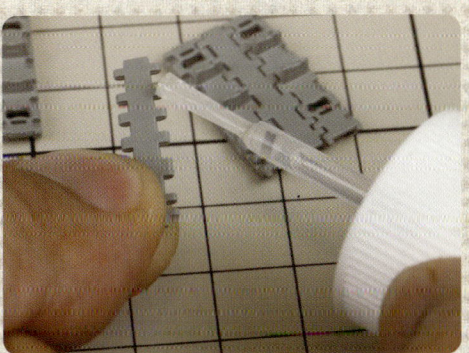
▲마르는 데 시간이 걸리는 걸쭉한 타입 접착제를 사용해서 궤도를 일부 부품만 조립합니다.

▲궤도를 몇 칸 조립했으면, 유동륜과 구동륜에 감아줍니다. 너무 과하게 감지 않도록 주의하세요.

▲궤도와 구동륜, 유동륜을 확실하게 밀착해주고 흘려넣는 타입 접착제를 사용해서 확실하게 접착합니다.

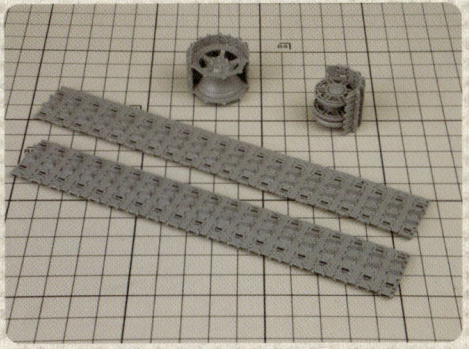
▲궤도 나머지 부분을 조립합니다. 이 부분도 궤도 접착에는 걸쭉한 타입 접착제를 사용합니다.

▲서스펜션 암에 보기륜을 장착하는데, 접착제를 사용하지 않고 끼워주기만 하세요.

▲보기륜과 궤도가 접촉하는 부분에 걸쭉한 타입 접착제를 바릅니다.

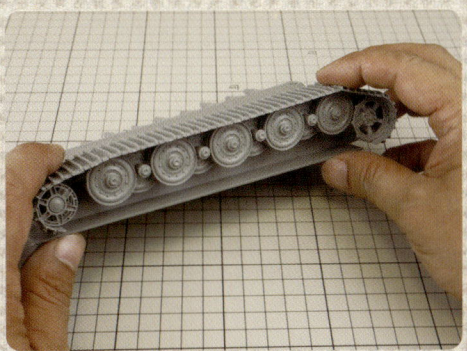
▲궤도를 보기륜에 장착합니다. 궤도의 접착제가 완전히 마르기 전에 다음 작업을 진행합니다.

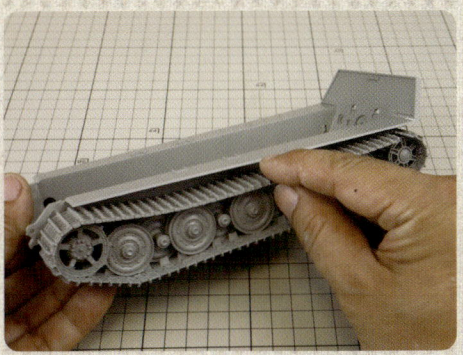
▲궤도의 접착제가 완전히 마르기 전에는 미세 조정이 가능합니다. 완전히 굳기 전에 궤도가 자연스레 처지도록 손가락 등으로 조절하세요.

▲처진 모습 조절이 끝났으면 묽은 타입 접착제를 조금 흘려넣어서 궤도와 보기륜을 완전히 접착합니다.

▲이대로 접착한 부분이 전부 마를 때까지 기다립니다. 보기에는 궤도가 완전히 완성된 것 같은데….

▲보기륜과 서스펜션 암은 접착하지 않았으니까, 이렇게 쏙 빠지게 됩니다.

LET'S TRY!
실천! 타미야 IV호 전차를 초보자 여성이 만든다
❸ 구동부 조립

어렵다고만 생각했던, 전차의 상징인 궤도와 구동부를 조립하겠습니다. IV호 전차 G형의 궤도는 부분 연결식. 방법을 잘 배웠으니까 두려워하지 말고 도전합니다!

1~4 · 부품 다듬기는 모든 작업의 기본

● 먼저 보기륜과 서스펜션 암 부품을 떼어내고, 지금까지와 마찬가지로 부품을 다듬어줍니다. 깔끔하게 조립하고 싶을 때는, 무엇보다 이 작업을 얼마나 제대로 하는지가 중요합니다. 지금까지 배운 대로 보기륜과 유동륜의 파팅 라인과 게이트 자국 처리에는 스펀지 사포, 서스펜션 암의 게이트 자국 처리에는 스틱 사포를 사용합니다. 참고로 서스펜션 암의 게이트 자국 처리는 차체에 부품을 접착한 뒤에 했습니다. 맹목적으로 꼼꼼하게 작업하는 게 아니라, 쉽게 넘어갈 수 있는 부분은 넘어가는 효율적인 작업을 생각하는 것도 모형을 즐기기 위한 기술이라는 걸 배웠더니, 부담감이 많이 줄었습니다!

5 · 부분 연결식 궤도에 도전

● 설명서를 잘 보고 분할된 궤도가 어떤 구성으로 조립되는지 잘 확인합니다. 프라모델을 잘 만드는 비결은 「부품을 다듬자」,「조립 설명서를 잘 보자」 이 두 가지만 잘 지키면, 초보자가 저지르는 실수는 대부분 커버할 수 있습니다.

038

6~8 · 궤도 조립

● 궤도 부품은 한 번에 자르지 말고 작업할 부품만 잘라내고 다듬는 게 좋을 겁니다. 처음에 전부 잘라내 버리면, 생긴 건 비슷하지만 궤도 숫자가 미묘하게 다른 부품들이 있을 때, 부품을 잘못 조립하는 경우가 생깁니다.

9~10 · 기준은 유동륜부터

● 보기륜을 다 접착했으면, 지금부터 궤도를 접착합니다. 궤도 접착은 유동륜에서 시작합니다. 거기서부터 궤도가 쑥쑥 자라나는 이미지로 궤도 부품을 접착해 나가세요. 구동륜에는 폴리캡이 들어 있어서 돌아갑니다. 그래서 구동륜 근처를 궤도 접착의 최종 지점으로 삼고, 구동륜을 움직이면서 세세하게 조정하세요. 이 순서대로 작업하면 궤도 연결 부분에 부자연스런 틈이 생기는 걸 막을 수 있습니다.

11~15 · 궤도 접착

● 유동륜에 궤도 부품 9개를 접착했으면 차체에 조립해줍니다. 다음으로 궤도 위쪽 부품을 접착합니다. 위쪽 보기륜 부분에 접착해주세요.

16 · 접착제가 마르기 전에 체크

● 궤도 접착에는 걸쭉한 타입 접착제를 사용했습니다. 그래서 완전히 마르는 게 시간이 걸리지만, 그 시간을 이용해서 덜렁거리는 부분은 없는지, 어긋난 부분은 없는지 확인해서, 만약 그런 부분이 있다면 바로 조정하세요. 체크를 마치고 완전한 상태가 됐다면, 그대로 약 하루 정도 놔둬서 완전히 건조시킵니다.

039

포탑 제작

 **포탑을 만들 때 신경 쓸 부분은 뭐가 있을까요?**

포신은 전차의 아이덴티티! 신중하게 작업하세요

포신 조립은 꼼꼼하게

전차의 포신은 궤도만큼이나 중요한 부위. 여기를 적당히 처리해버리면 어정쩡한 상태가 돼버립니다.
궤도만큼 할 일이 많은 부분은 아니지만, 궤도만큼 세심한 주의를 기울이면서 조립하세요.

포신의 좋지 않은 예

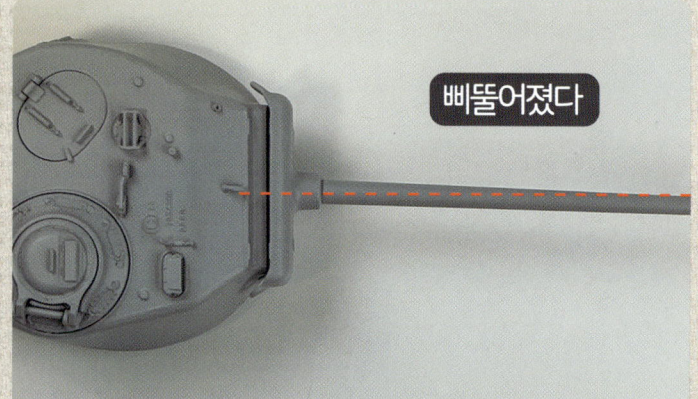

삐뚤어졌다

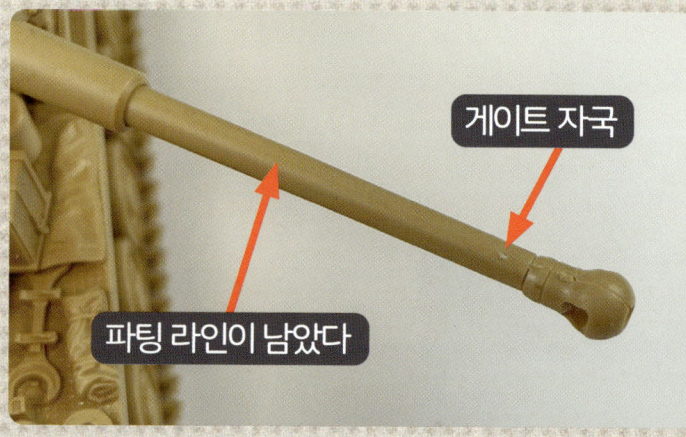

게이트 자국

파팅 라인이 남았다

꽤 오랫동안 모형을 만들어온 사람의 작품에서도 일어나는 경우가 있는데, 포신이 뿌리부터 약간 틀어진 경우가 있습니다.
얼핏 봤을 때는 모르지만, 그래도 뭔가 어색한 느낌이 드니까 신경 써주세요. 그리고 다른 곳과 마찬가지로 부품 다듬기는 정말 중요합니다.

머즐 브레이크 내부 단차

표트이 포신 조립 순서

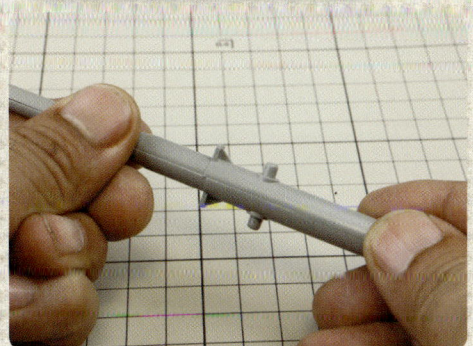
● 포신 부품 접합면에 게이트 자국이 있는 키트는 틈새가 생기기 쉬우니까 특히 주의해야 합니다.

● 하지만 작업 자체는 지금까지 소개한 것과 똑같으니까, 스틱 사포 등을 사용해서 접합면을 정리해주세요.

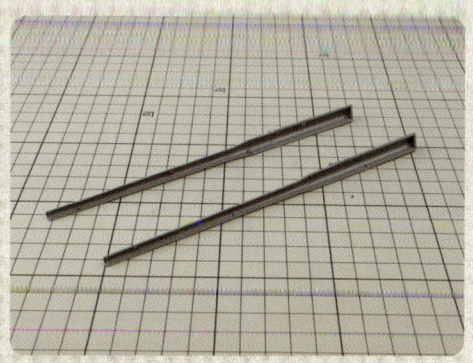
● 부품 다듬기가 끝났다고 바로 접착하지 말고, 부품이 잘 밀착되는지 확인하세요.

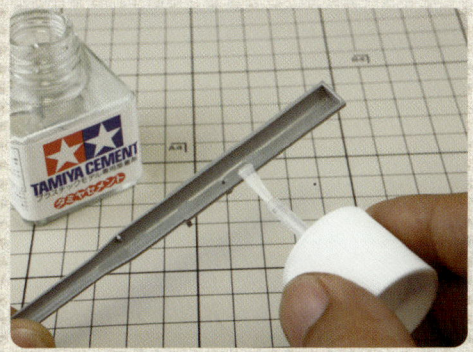
● 점도가 높은 걸쭉한 타입 접착제를 부품 접착면 전체에 바릅니다. 양쪽 모두 발라주세요.

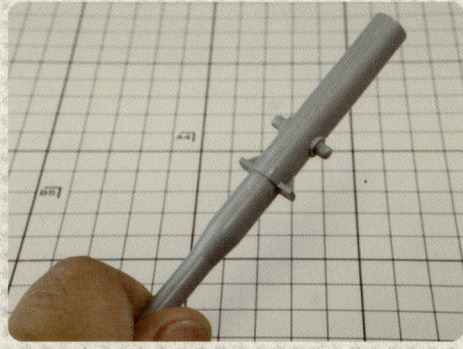
● 힘을 줘서 부품이 꽉 접착되도록 눌러주세요. 접착제가 표면으로 삐져나오지만, 그대로 건조시켜주세요.

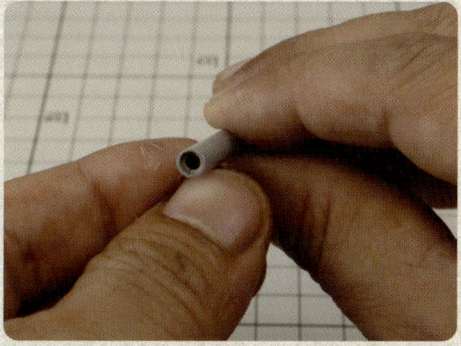
● 이때 포신 부품이 어긋나지 않았는지 확인하세요. 정면에서 봤을 때 포구가 깔끔한 원 모양이면 OK.

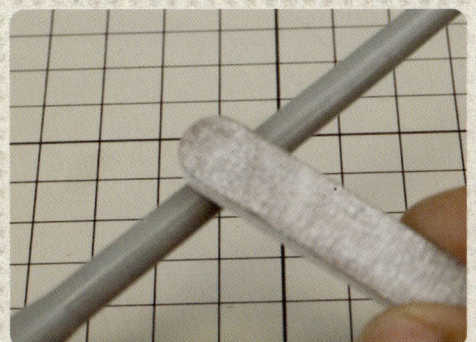
● 접착제가 마르면 삐져나온 접착제를 스틱 사포로 가볍게 갈아내는 느낌으로 정리합니다. 이 작업으로 완전히 끝내려고 하지는 마세요.

● 녹은 접착제 덕분에 틈새가 생기지는 않았지만, 살짝 삐져나온 접착제 때문에 접착 라인이 보이니까, 이것을 처리하겠습니다.

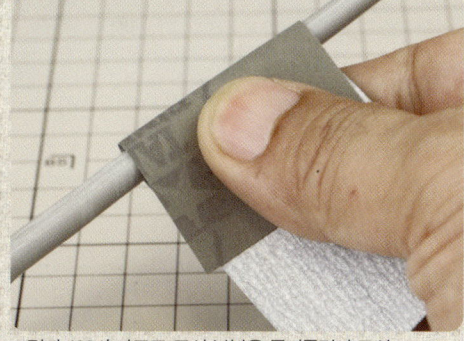
● 먼저 400번 사포로 포신 부분을 돌려주면서 포신 전체를 한 꺼풀 벗겨준다는 느낌으로 연마해주세요.

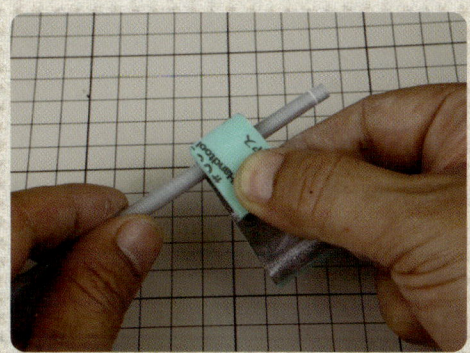
● 접착 라인이 사라졌으면 더 고운 스펀지 사포로 포신 부품 전체를 매끄럽게 해주세요.

● 접착 라인에 우묵한 부분이 생길 수도 있습니다. 이럴 때는 무리해서 사포로 연마하지 말고, 퍼티로 메운 뒤에 다듬어주세요.

● 마지막으로 서페이서를 뿌려서 포신 부품이 깔끔하게 다듬어졌는지 확인합니다.

7~9 · 포신 파팅 라인 처리
● 타미야 IV호 전차 G형의 포신은 끝부분의 머즐 브레이크 부품을 접착해야 하지만, 포신 자체는 일체 성형입니다. 하지만 파팅 라인은 남아 있어서, 나이프로 긁고 사포 등으로 깔끔하게 다듬어줍니다.

10~12 · 머즐 브레이크 접착
● 머즐 브레이크는 부품을 붙여줘야 하니까 걸쭉한 타입 접착제로 접착하고, 마른 뒤에 다듬었습니다. 머즐 브레이크 안쪽도 잊지 말고 처리하세요. 저는 둥글게 만 종이 사포로 접합선을 처리했습니다.

13 · 포미(포의 꼬리 부분)
● 키트에서는 주포의 기부인 '포미'도 재현돼 있습니다. 완성한 뒤에는 거의 안 보이지만, 꼼꼼하게 조립했습니다.

14~17 · 작은 부품
● 작은 부품은 접착면이 작다는 점을 고려해서 묽은 타입 접착제를 흘려 넣어서 접착했고, 게팩카스텐(포탑 뒤쪽의 상자)과 큐폴라 등 큰 부품은 걸쭉한 타입 접착제로 붙여줬습니다.

18 · 완성
● 틈새가 없는 완벽한 포탑, 포신이 완성됐습니다! 잘 조립했더니 이 상태에서도 멋있게 보입니다!

Yoshitaka SAITO's SPECIAL MODEL GALLERY-1
German Heavy Tank Destroyer Sd.Kfz.186
JAGD TIGER

타콤 1/35 플라스틱 모델
야크트 티거 Sd.kfz.186
전/후기형 2in1
4,290엔

강좌 페이지에서 여러 번 나왔던 사이토 씨가 만든 야크트 티거의 완성 작례를 소개합니다. 달인이 만들면 이 시점에서도 제대로 만들었다는 걸 확인할 수 있습니다.

●타콤의 블리츠 시리즈 야크트 티거를 만들었습니다. 블리츠 시리즈는 지금까지 타콤 제품에서 볼 수 있었던 내부(엔진이나 전투실 내부 등의 인테리어)까지 완전히 재현한 키트가 아닌, 외부 재현은 그대로 유지하면서 부품 숫자를 최소한으로 줄인 시리즈라서, 전차 모형을 처음 시작하는 분께도 추천할 수 있는 키트입니다. 야크트 티거는 타미야에서도 발매되고 있습니다. 그쪽도 만들기 쉬워서 추천하지만, 개인적으로는 최후기형(타미야는 기본적인 초기 생산형)을 좋아하다 보니 타콤을 선택했습니다. 키트에 궤도 조립용 도구까지 들어 있지만, 설명대로 만들면 길이가 약간 안 맞게 돼 버립니다. 그래서 누름쇠를 사용하지 않고 기동륜 유동륜 기무륵 쉬직이게(돌아가게) 깎아주고, 유동륜을 후방으로 스윙시켜서 궤도가 잘 맞게 조정했습니다. 궤도를 만들 때 조금 고생했지만, 조립 설명서도 비교적 알기 쉬운 편이라서 외국 키트 입문용으로 아주 좋은 키트라고 생각합니다.
(사이토 요시타카)

Q 이 금속 부품은 뭔가요?

A 전차 모형 중급자 이상을 위한 에칭 부품입니다!

프로의 에칭 부품 공작 순서

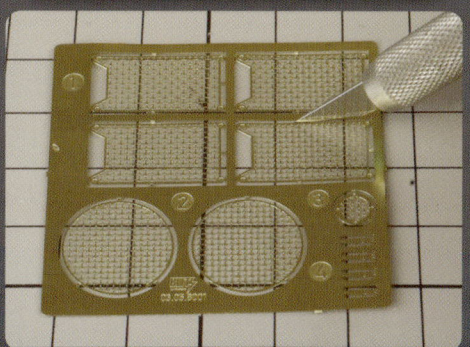

▲에칭 부품은 황동제와 스테인리스제가 있습니다. 황동(금색인 경우가 많다)은 커터로 자를 수 있습니다.

▲부품을 잘라내면 구부러졌는지 확인합니다. 사진 정도는 괜찮지만 이것보다 심하면 수정해야 합니다.

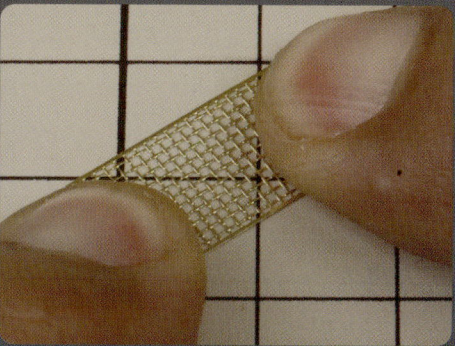

▲손가락이나 둥근 막대(붓 자루)를 사용해서 평평하게 펴줍니다. 평평한 바닥 위에서 작업하세요.

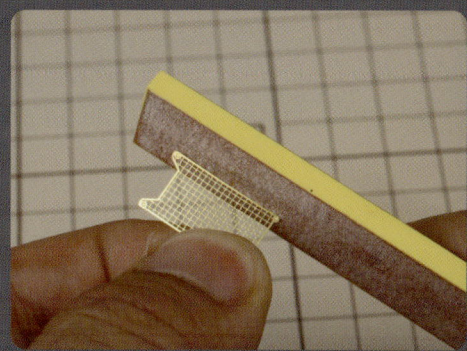

▲스틱 사포로 잘라낸 자국을 다듬어줍니다. 절단면을 따라서, 부품이 일그러지지 않도록 신중하게 움직여주세요.

▲에칭 부품은 젤리 타입 순간접착제로 붙여줍니다. 이쑤시개 끝에 접착제를 묻혀서 발라주세요.

▲부품을 붙여줍니다. 젤리 타입 순간접착제가 굳기 전에 방향이나 위치를 조절해주세요.

Yoshitaka SAITO's SPECIAL MODEL GALLERY-2
German Light Tank
Pz.kpw.38(t) Ausf.E/F

작품에 피규어를 배치하면 실제 전차의 크기가 느껴지게 됩니다. 피규어는 전차의 박력을 강조하기 위한 '베스트 파트너'입니다. 여기서는 사이토 요시타카 씨의 작례를 소개하겠습니다.

타미야 1/35 플라스틱 키트
독일 경전차 38(t) E/F형
3,300엔

● 작품에 피규어를 배치하면 전차의 크기가 잘 전해집니다. 또한 강철의 단단함과 질감을 강조한다는 의미에서도, 피규어 같은 부드러운 것으로 비교해주는 것이 상당히 효과적. 피규어는 전차의 박력을 강조하기 위한 가장 좋은 요소라고 할 수 있습니다.

● 전차 모형은 캔 스프레이로 칠할 수도 있습니다. 조건은 단색 전차일 경우. 여기서 소개한 38(t) 경전차도 캔 스프레이로 기본 도색을 했습니다. 차체 색과 별도로 더러워진 구동부도 캔 스프레이로 재현하는 것이 포인트입니다.

● 차체색을 칠했으면 세세한 곳을 칠해줍니다. 아크릴계 도료를 사용하면 먼저 칠한 차체색 도막이 상하지 않게 칠할 수 있습니다.

● Mr. 웨더링 컬러(그라운드 브라운)으로 먹선을 넣어줍니다. 전체에 바르는 게 아니라 요철 부분에만 칠해주세요.

● 도료가 마르기 전에 Mr. 웨더링 컬러 전용 희석액을 적신 면봉으로 과하게 칠해진 도료를 닦아냅니다.

●처음 전차 모형을 시작하려는 분께는 타미야 경전차가 좋다고 봅니다. 타미야 전차 모형 중에서도 경전차는 특히 만들기 쉽고 좋은 키트들입니다. 여기서 소개한 「독일 경전차 38(t) E/F형」도 그런 키트 중에 하나입니다. 차체가 작아서 부품이 적다는 것도 추천 포인트입니다. 이 작례는 개조하지 않고 조립 설명서 그대로 조립했습니다. 궤도는 부분 연결식입니다. 벨트식과 비교하면 공작 스킬이 필요하지만, 벨트식에서는 재현하기 힘든 궤도가 자연스럽게 처진 모양이 부품 상태에서 재현되어 있습니다. 여유 있는 분위기의 피규어도 하나 포함되어 있습니다. 디테일이 좋은 피규어니까, 꼼꼼하게 칠하기만 해도 충분히 멋있습니다. 도색에는 캔 스프레이를 사용했습니다. 차체 위쪽에 타미야 저먼 그레이를 칠하고, 구동부와 차체 하부에는 선박 모형용 색인 목갑판색을 칠해서 먼지를 표현했습니다. 기본색을 칠한 뒤에 타미야 에나멜 저먼 그레이로 전체에 드라이 브러시를 해줬습니다.
(사이토 요시타카)

조립 편 Other Questions

Q 스트레이트 빌드라는 말을 들었는데 무슨 뜻인가요?

A 조립 설명서 그대로 조립하는 것을 뜻합니다

● 개조나 가공 등을 하지 않고 키트에 들어 있는 조립 설명서를 따라서 조립하는 것을 '스트레이트 빌드'라고 합니다. 플라스틱 모델 만들기의 기본 중에 기본입니다. 최근의 전차 모형은 모델이 된 전차의 형상 재현도가 비약적으로 향상되었기 때문에, 개조나 디테일 업(세세한 부분의 재현도를 높이는 공작)은 딱히 필요 없습니다. 일단 스트레이트 빌드로 깔끔하게 만드는 것을 목표로 삼아보세요.

Q 핀 바이스 다루기가 힘들어요…

A 기본적인 사용 방법을 가르쳐드리겠습니다

● 전차 모형에서는 같은 전차라도 장비 차이나 베리에이션 차이가 있는데, 조립 설명서에 그 차이에 맞춰서 구멍을 뚫으라는 지시가 있는 경우가 종종 있습니다. 그래서 전차 모형을 만들기 위해서는 핀바이스 다루는 방법을 알아두는 것도 중요합니다.

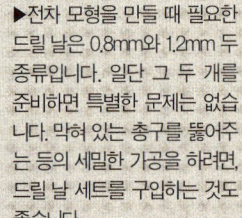

타미야
정밀 핀바이스 D(0.1~3.2mm)
1,760엔

타미야 정밀 핀바이스 D

● 첫 핀바이스로 추천하고 싶은 것은 타미야의 「정밀 핀바이스 D」입니다. 드릴 날을 물리는 부분이 4종류 있는데, 모형에서 사용하는 것 중에 가장 가는 것(0.1mm)부터 굵은 것(3.2mm)까지 사용할 수 있습니다. 말 그대로 이것 하나만 있으면 뚫고 싶은 구멍에 맞춰서 드릴 날만 준비하면 됩니다.
뒷부분이 따로 회전해서 조작하기 쉽다는 점도 포인트입니다!

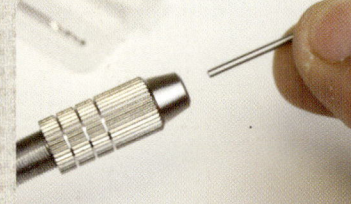

▶ 전차 모형을 만들 때 필요한 드릴 날은 0.8mm와 1.2mm 두 종류입니다. 일단 그 두 개를 준비하면 특별한 문제는 없습니다. 막혀 있는 총구를 뚫어주는 등의 세밀한 가공을 하려면, 드릴 날 세트를 구입하는 것도 좋습니다.

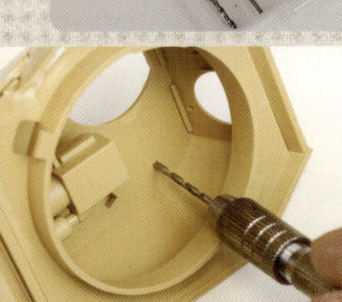

▲ 사용 방법은 드릴 날을 부품에 대고 핀바이스 본체를 돌리면 됩니다. 구멍을 뚫는 중에 드릴 날이 휘어질 정도로 힘을 주면 부러지기 쉬우니까, 항상 뚫는 구멍에 대해 수직 방향으로 힘을 주는 것이 요령입니다.

제 3 장
오리지널리티 공작 편
〈강사〉 도이 마사히로

간단한 가공을 추가해서 개성을 연출해보자!

도이 마사히로
밀리터리 모델 외길 40년 이상! 일본을 대표하는 골수 프로 밀리터리 모델러

 **프로 모델러의 특별한 기술을 제대로 보고 싶어요!**

초일류 밀리터리 모델러의 훌륭한 작품을 참조해보세요

전차 모형을 만드는 데 있어, 일류 모델러의 작품을 보는 것은 중요한 일입니다. 어떤 작품이 있는지, 실제로 배우고 머릿속에서 완성 이미지를 떠올려보세요! 실제 공작 방법도 소개하겠습니다.

MARDER III Ausf. M

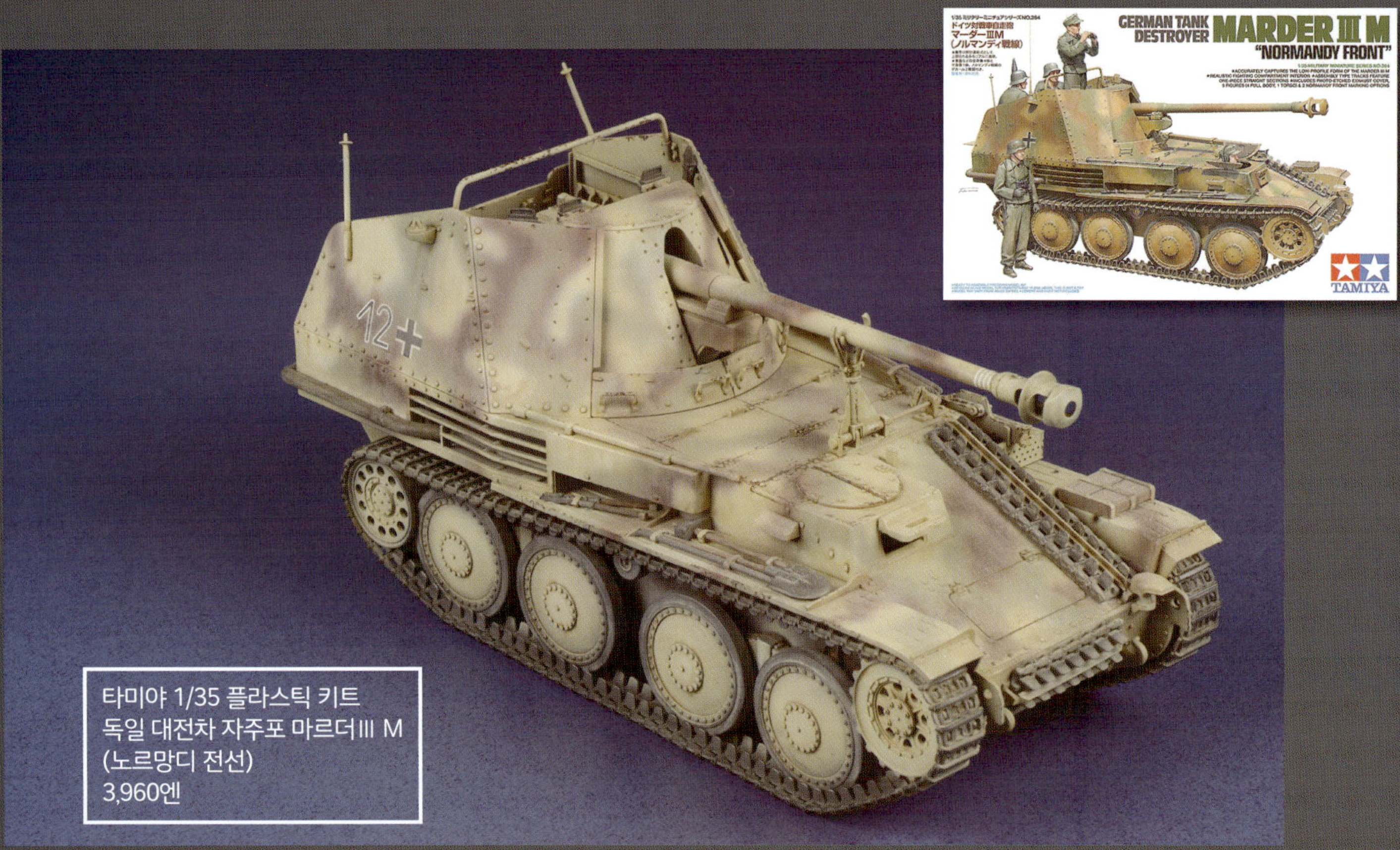

Masahiro DOI's SPECIAL MODEL GALLERY-1
German Army · Tank Destroyer Sd.Kfz.138

타미야 1/35 플라스틱 키트
독일 대전차 자주포 마르더III M
(노르망디 전선)
3,960엔

먼저 밀리터리 모델의 제1인자, 도이 마사히로 씨가 만든 작례를 보겠습니다. 이건 특별한 공작을 한 것은 아니고, 거의 이 책에서 소개한 기법을 사용해서 만들었다고 합니다!

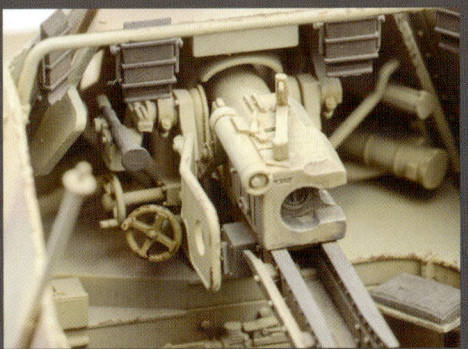

이 마르더III M은 특별한 공작 없이 완전히 스트레이트 빌드로, 도색을 즐기는 것을 테마로 만들었습니다. 최근에 승무원 피규어를 추가해서 「노르망디 전선」으로 발매된 버전에서는, 궤도가 플라스틱 부품 연결식으로 되어 있어서 그대로 조립하기만 해도 자체 무게에 의해 처지는 모습을 재현할 수 있지만, 제가 만든 것은 처음에 발매된 버전이라서 벨트식입니다. 그대로 조립하면 위쪽이 들떠서 실감이 떨어지니까, 펜더와의 사이에 둥글게 만 티슈를 끼워서 궤도를 누르고, 흘려 넣는 접착제로 보기륜에 접착해서 처진 모습을 재현했습니다.

스트레이트 빌드가 끝나면 다음은 도색인데, '도색하기 전에 어디까지 조립하나요?'라는 질문을 많이 받습니다. 제 경우에는 차체 내부가 재현된 키트 외에는 전부 조립한 뒤에 도색합니다. 궤도나 보기륜에 칠해지지 않는 부분이 있지 않나요? 라고 생각하실 수도 있지만, 괜찮습니다. 칠해지지 않는 부분은 거의 안 보이는 부분이고, 만약에 보인다고 해도 웨더링을 하면 거의 알 수 없게 돼버립니다. 개인적으로는 칠을 빠트리는 곳이 없게 하려면 어떤 순서로 칠해야 좋을지 이 것저것 고민하다 보면 의욕이 떨어져 버리니까, 가능한 한 전부 조립한 뒤에 도색하는 쪽이 좋다고 생각합니다.

(도이 마사히로)

플라스틱 가공 실제 예

Q 지금까지 꼼꼼하게 조립했는데도 뭔가 부족한 기분이 들어요…

A 오리지널 가공을 해서 악센트를 추가

도이 마사히로의 제안

꼼꼼하게 조립한 덕분에 초보자가 만들었다는 걸 믿을 수 없는 수준입니다. 이 상태로도 문제는 없지만, 굳이 지적하자면 그냥 설명서대로 조립했을 뿐이라서 오리지널리티가 부족하다고 할 수 있습니다. 이 상태에서 오리지널 공작을 추가해보겠습니다.

앞뒤 펜더를 올린 상태로 만들어보자

실제 기록 사진의 IV호 전차에서 자주 볼 수 있는, 앞뒤 펜더를 올린 상태로 가공해서, 작품에 오리지널리티를 추가해줄 수 있습니다.
간단한 플라스틱 가공만 하면 되는 원포인트 공작이니까, 겁먹지 말고 도전해보세요!

플라스틱 가공 예

킹 티거에 플라스틱 가공으로 악센트를 주자

▶ 플라스틱 가공의 효과를 인식해봅시다. 위쪽은 드래곤제 킹 티거를 설명서대로 조립한 것. 사이토 요시타카 씨가 조립해서 정밀도에는 전혀 문제가 없지만, 그래도 뭔가 부족한 느낌이 듭니다.

가공 전

가공 후

펜더를 제거한 모습 재현으로 리얼리티 향상!

▲ 실제 기록 사진 등을 참조로 펜더를 일부 제거한 예입니다. 어떤가요? 일부 부품을 잘라냈을 뿐인데도 본격적으로 보이지 않나요? 이것이 플라스틱 가공의 효과입니다. 참고로 실제 킹 티거는 차고가 엄청나게 높고 사이드 펜더가 튀어나온 부분이 어른 가슴 정도 높이에 있어서 타고 내리기가 상당히 힘들었기 때문에, 현장에서 앞에서 두 번째 펜더를 제거한 차량이 상당히 많았다고 합니다. 그리고 프론트 펜더에 진흙이 꽉 차버리는 일이 많이 벌어져서, 프론트 펜더를 제거한 차량도 많았다고 들었습니다.

사이드 펜더 가공 예

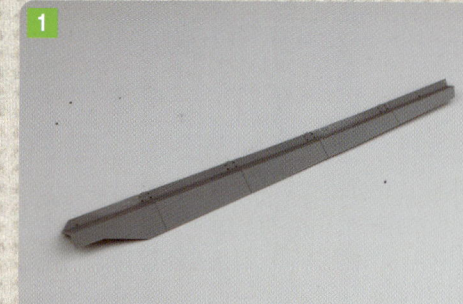

1. ●사이드 펜더 부품. 실물은 여러 조각이지만 키트에서는 하나의 부품입니다.

2. ●에칭 톱으로 제거할 부분을 잘라냅니다. 딱 붙이는 게 아니라 약간 여유를 두고 자르세요.

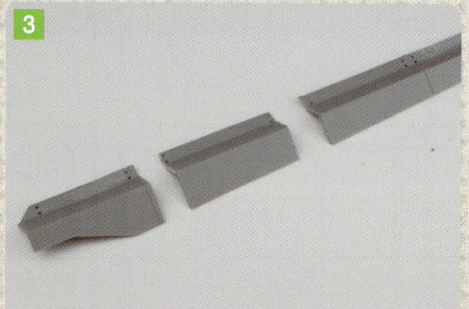

3. ●잘라낸 상태. 사용할 펜더 부품 쪽에 약간 여백을 남기고 잘라냈습니다.

4. ●잘라낸 부분의 여백은 스틱 사포로 연마하면서 다듬어주세요. 이러면 여백 제거와 부품 다듬기가 한 번에 해결됩니다.

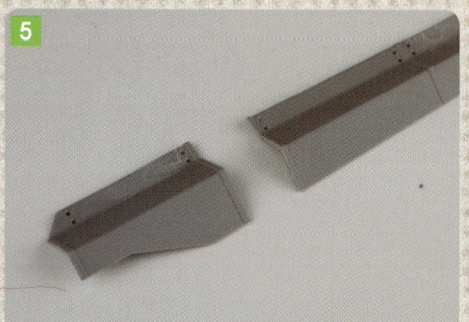

5. ●깔끔하게 다듬었지만, 단면이 너무 플라스틱 잘라낸 자국처럼 보여서 가공을 해주겠습니다.

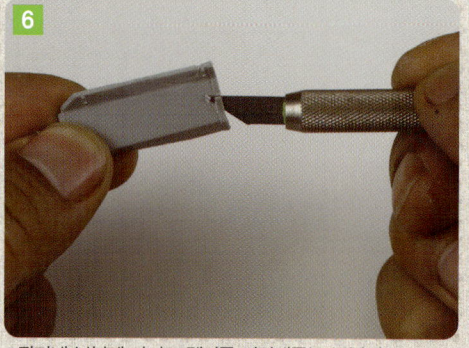

6. ●잘라낸 부분에 사이드 펜더를 연결해주는 부분의 볼록 몰드가 남아 있는데, 이걸 디자인 나이프를 이용해 대략적으로 깎아줍니다.

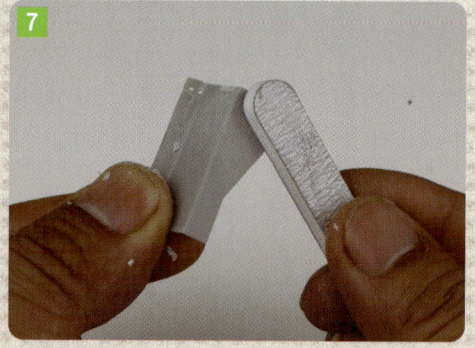

7. ●스틱 사포를 사용해서 나이프로 깎아내고 남은 부분을 평평하게 다듬어줍니다.

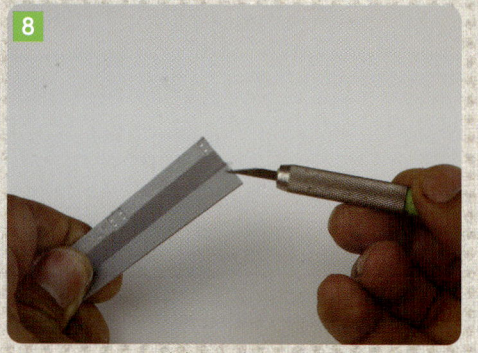

8. ●이대로는 사이드 펜더 단면 부분이 두꺼워 보이니까, 끝부분을 얇게 깎아주세요.

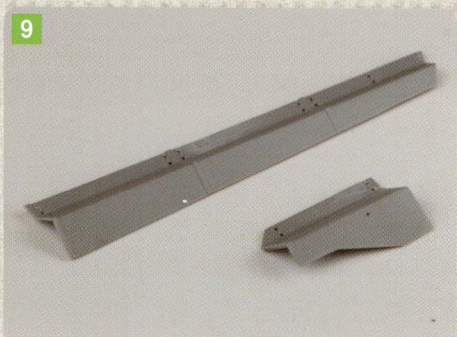

9. ●단면부 끝을 얇게 깎았을 뿐이지만, 이 가공 덕분에 사이드 펜더 전체가 얇아 보이게 됩니다.

10. ●이대로 사이더 펜더를 차체에 접착해서 완성합니다.

프론트 펜더 제거 가공 예

● 프론트 펜더 제거 가공입니다. 제조사에 따라 다르지만, 이번에는 드래곤제 키트로 예를 들겠습니다.

● 니퍼로 대략적으로 잘라서 기부를 제거했으면, 차체 모양을 따라 디자인 나이프로 자른 부분을 정리합니다.

● 나이프로 다듬은 부분을 금속 줄과 사포를 이용해서 깔끔하게 다듬어주세요.

플라스틱 가공으로 대미지를 표현해주는 예

판터의 장갑에는 압연강판이라는 상당히 단단한 소재를 사용했고, 그래서 피탄 당했을 때 장갑이 깨지는 기록 사진을 볼 수 있습니다. 이것도 플라스틱 가공이라면 간단히 재현할 수 있습니다. 딱딱한 철판이 깨졌을 때의 모습이 플라스틱을 깨트렸을 때와 똑같은 표정을 보이기 때문에, 이 깨진 철판 표현에는 플라스틱 가공이 최적이라고 해도 과언이 아닙니다.

● 금이 가게 해줄 라인을 디자인 나이프로 약하게 새긴 뒤에, 핀바이스와 드릴 날로 피탄 위치에 구멍을 뚫어줍니다.

● 피탄 부분의 구멍을 디자인 나이프를 이용해서 넓고 깔끔한 원형 구멍 주변을 깎아준 뒤에, 금을 따라서 깊게 새겨주세요.

● 어느 정도 깊이 새겼으면, 펜치를 사용해서 과감하게 쪼갭니다. 펜치는 집는 면이 울퉁불퉁하지 않은 것을 사용하세요.

Masahiro DOI's SPECIAL MODEL GALLERY-2
Russian Army · Heavy Tank Sd.Kfz.138
JS-2 Model 1944 ChKZ

프로 모델러의 플라스틱 가공 작례

타미야 1/35 플라스틱 키트
소련 중전차 JS-2 1944년형 ChKZ
4,620엔

플라스틱 가공만으로도 이렇게나 극적으로 달라진다!!

●스트레이트 빌드를 할 수 있게 됐으면, 대미지 가공을 추가해서 작품에 오리지널리티를 부여해보세요. 스트레이트 빌드에는 없는 박력을 얻을 수 있습니다. 공작 기술이 필요하지만, 펜치로 집어서 확 구부리거나 잘라내는 정도입니다. 기술적인 문제보다 과감한 결단이 중요합니다. 실패를 겁내지 말고 도전해보세요.

가공 전

가공 전

가공 후

가공 후

부서진 펜더 가공 방법

●실제 펜더는 적의 공격이나 부딪친 탓에 휘어지거나 떨어져 나가는 경우가 많은 부위입니다. 기록 사진에서도 오랫동안 살아남은 차량 중에서 펜더가 찌그러진 차량을 많이 찾아볼 수 있습니다. 모형에서도 펜더를 파손시켜서 역전의 차량을 재현할 수 있습니다. 작업은 어렵지 않지만, 아주 효과적인 가공입니다. 사용할 공구는 니퍼와 커터 칼, 그리고 톱이 있으면 편합니다. 구부리는 가공에서는 펜치를 사용합니다. 펜치는 집는 부분이 울퉁불퉁하지 않은 것이 좋습니다.

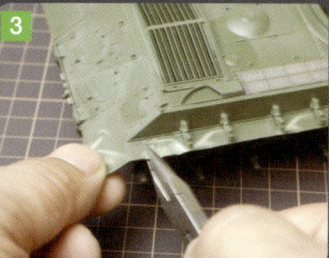

1. ●펜더가 날아간 모습을 재현합니다. 불필요한 부분을 정했으면 니퍼로 잘라주세요.
2. ●자를 때 톱(에칭 톱)이 있으면 편합니다만, 없으면 니퍼로도 충분합니다.
3. ●펜더를 구부려줍니다. 요령은 이것저것 생각하지 않는 것. 펜치로 집어서 찌그러트리세요.
4. ●조금 구부러진 부분과 완전히 일그러진 부분을 섞어서 변화를 주는 것이 포인트입니다.

찌그러진 연료 탱크 표현 방법

●찌그러트릴 부분의 두께도 고려하세요. 중후한 강철로 만들어진 차체는 찌그러지지 않지만, 얇은 철판으로 만든 부분은 부딪치면 찌그러지기 쉽습니다. 그리고 외부 연료 탱크도 얇은 철판으로 만들어진 부분. 펜더보다 구부러지기 쉬운 곳이니까, 제대로 찌그러트려 주세요. 단, 여기는 펜더처럼 펜치로 집어서 작업할 수는 없으니까, 다른 방법으로 재현하겠습니다. 이 작업에서 필요한 공구는 아까 펜더에서 사용했던 공구에 스펀지 사포까지 있으면 작업하기 편하고, 완성도도 좋아집니다.

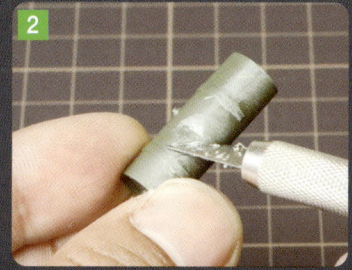

1. ●가공하기 전 상태. 차체에 가조립해서 옆에서 부딪치면 어디가 찌그러질까? 사람이 밟으면?을 생각해보세요.
2. ●찌그러진 부분을 재현합니다. 디자인 나이프로 적당히 깎아서 찌그러진 상태를 만들어주세요. 너무 깎아서 구멍이 나지 않게 조심.
3. ●깎기만 하면 각이 져서 부자연스럽게 보입니다. 스펀지 사포로 각을 다듬어주세요.
4. ●파손된 부분을 만들어줍니다. 연료 탱크 장착 부분에 있는 돌기를 잘라내면 완성입니다.

탄흔 표현 방법

● 적의 포탄이 관통하지 않고 튕겨 나간 자국을 만듭니다. 이런 탄흔 가공에는 전동 툴을 사용합니다. 끝이 공 모양인 비트로 깎아서 우묵하게 해주세요. 이때 일어난 찌꺼기를 흘려 넣는 접착제를 쓰다듬는 것처럼 발라주면 완성입니다.

주조 표현

● 형틀에 쇳물을 부어서 성형하는 것을 주조라고 합니다. 표면이 조금 거칠어집니다. 모형에서 재현할 때는 흘려 넣는 접착제를 붓으로 두드려서 재현할 수 있습니다. 이번에는 펜더를 잘라낸 면이 평평해졌기 때문에 가공해보겠습니다.

플라스틱 이외의 가공

● 키트에 따라서는 플라스틱 이외의 소재를 사용하는 경우가 있습니다. 에칭 부품 외에 견인 로프를 재현하기 위해 금속선이 들어간 것이나 나일론 끈이 포함되는 경우도 많습니다. 특히 나일론 끈은 공작에 약간 요령이 필요해서 소개하겠습니다. 또한 금속선을 이용한 간단한 디테일 업(정밀도를 높이는 작업)도 설명하겠습니다. 키트 외에도 재료를 준비해야 하지만, 작업이 간단하고 효과적인 개조니까 스트레이트 빌드 다음 단계로도 추천합니다. 이 공작에서 필요한 공구는 핀바이스와 순간접착제입니다.

견인 와이어 어레인지

● 나일론 견인 와이어는 부드러워서 자유롭게 구부릴 수 있습니다. 금속제와 비교하면 차체 형상에 맞추기 쉽고 다루기도 쉽지만, 그 대신 원하는 모양으로 고정하기 힘들기도 합니다. 그래서 장착 위치를 정한 뒤에 고정하는 방법을 소개합니다. 도구는 순간접착제뿐입니다.

금속선으로 바꿔주기

● 포탑에 있는 손잡이를 황동선으로 바꿔줍니다. 장착 위치에 핀바이스로 구멍을 뚫고 견인 로프 고리는 깎아냅니다.

● 황동선을 구부려서 구멍에 끼워줍니다. 접착은 순간접착제로, 고리를 접착하면 끝입니다.

● 타미야의 견인 와이어 부품은 양쪽 끝의 고리 부분이 플라스틱입니다. 고리 부품 한쪽이 우묵하고 거기에 붓자국을 끼우게 되는데, 부자연스럽게 우묵한 경우에는 퍼티로 메워주세요.
와이어 모양을 정했으면 지점도 순간접착제를 적셔서 굳혀주세요.

전차는 대미지를 재현하면 격렬한 전선을 상상하게 만들어주기에, 작품에 박력을 연출해줄 수 있습니다. 평범하게 만드는 것도 좋지만, 가공을 통해서 변화를 주는 것도 전차 모형의 재미 중 하나입니다.

가공이라고 해도 공작은 소개한 정도로, 특별히 어려운 건 없습니다. 요령은 과감한 결단뿐이라고 생각합니다. 이것저것 생각이 많아지면 손이 움직이지 않으니까요. 과감이 중요합니다, 과감이. 전차 모형은 어지간해서는 실패하지 않으니까, 마음껏 구부리거나 움푹하게 해주세요. 단, 규칙이 있습니다. 차체 중에서 두꺼운 강철 부분이 찌그러지면 위화감이 듭니다. 처음에는 남의 작품을 보거나 상자의 그림을 참고로 얇은 강판 부분을 찾아보면 좋을 겁니다.

그리고 스텝 업 할 때는 기록 사진을 보는 것도 좋겠죠. 실제로는 어떻게 망가질까 생각하면서 보기만 해도 많은 정보를 얻을 수 있습니다.

(도이 마사히로)

대미지 표현은 전차 모형의 진수입니다!

●프론트 펜더가 날아가서 궤도가 드러났다. 양쪽을 다 자르는 것보다 한쪽만 남기는 쪽이 표정이 생깁니다.

●펜더가 찌그러진 모양에 맞춰서 위에 있는 상자도 찌그러트렸습니다. 스트레이트 빌드보다 박력 있게 보인다고 생각합니다.

LET'S TRY!

도이 씨에게 배운 아이디어와 기술을 실천! IV호 전차의 펜더를 개조해보겠습니다

실천! 타미야 IV호 전차를 초보자 여성이 만든다
⑤ 펜더 개조

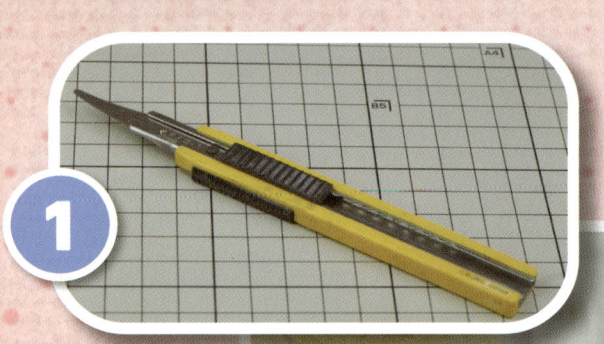

1~3 · 펜더 잘라내기
● 에칭 톱으로 펜더를 잘라냅니다. 에칭 톱은 얇은 톱으로, 모형점에서 모형용 톱을 구입 가능!

4~5 · 잘라낸 부분 처리
● 실제 펜더는 그냥 철판이라서 상당히 얇은데, 타미야의 IV호 전차에서는 펜더 전체가 얇아 보이도록 끝부분만 얇게 성형됐습니다. 하지만 그 끝부분을 잘라버린 탓에 실제 두께가 노출돼버렸고, 그대로 두면 펜더가 아주 두꺼워 보이게 됩니다. 그래서 디자인 나이프로 잘라낸 부분이 얇게 보이도록 깎아줍니다.

6~7 · 얇아진 펜더
● 끝부분만 얇게 깎으면 됩니다. 밖에서 봤을 때 위화감이 없으면 이 작업은 끝. 한 번에 얇게 깎으려고 하면 실패할 것 같아서, 상태를 보면서 조금씩 작업했습니다. 꽤 괜찮게 완성되지 않았나요?

제4장
도색과 웨더링
〈강사〉 도이 마사히로&사이토 요시타카

기본 도색과 웨더링은
전차 모형의 핵심인 중요한 공정입니다.
여기서는 도이 씨&사이토 씨 콤비 강사가
초보 모델러를 전력으로 도와드리겠습니다!

도료의 종류와 특성

Q 모형용 도료도 종류가 많은데, 어떤 도료를 어떻게 써야 좋을까요…

A 먼저 도료의 종류와 특성을 확실히 파악합시다!

래커 도료

GSI 크레오스 Mr. 컬러

● 오랜 역사를 자랑하는 도료. 기본색은 물론 전차나 캐릭터 모델, 항공기와 선박용 전용색이 아주 풍부한 도료. 전차 모형 전용색은 국적이나 연대 차이까지 구분한 도료가 구비되어 있어서, 조색할 필요가 거의 없다는 장점도. Mr. 컬러는 병 타입 외에도 모든 색이 있는 건 아니지만 캔 스프레이(래커 도료)도 있습니다. 용량은 10mL.

타미야 타미야 스프레이

● 도료를 조금 많이 뿌려도 잘 흐르지 않아서 아주 쓰기 편한 캔 스프레이. 모형 초보자가 캔 스프레이 사용을 배우려면, 먼저 타미야 스프레이부터 도전하는 쪽이 좋을 겁니다. 전차 모형 전용 색도 많이 구비하고 있습니다. 타미야 키트를 만들 때는 조립 설명서의 색 지정과 품번이 같으니까, 헷갈릴 일도 없습니다. 용량은 100mL.

가이아노츠 가이아 컬러

● 밑색을 가리는 성능인 '차폐력'이 뛰어난 도료입니다. 라인업은 굳이 따지자면 캐릭터 모형 전용색이 많고 전차 전용색은 아직 적기는 하지만, 착실하게 색수를 늘려가고 있습니다. 붓도색, 에어브러시 도색 어느 쪽에도 사용할 수 있는 범용성이 높은 도료. 용량은 15mL.

타미야 래커 도료

● 여기서 소개하는 래커 도료 중에서 가장 후발주자인 타미야 래커 도료. 잘 퍼지는 덕에 붓도색에 쓰기 좋습니다. 물론 에어브러시로도 칠하기 쉬운 만능 도료입니다. 냄새가 비교적 적은 것도 특징입니다. 용량은 10mL.

피니셔즈

● 일본 제조사의 래커 도료 중에 피니셔즈 도료도 있습니다. 자동차 모델 전용색에 특화된 도료라서 전차 모형에서는 사용할 기회가 적을 수도 있겠지만, 마른 뒤의 도막 강도나 플라스틱에 대한 정착력 등, 도료로서 뛰어난 성능을 지녔습니다. 용량은 20mL.

아크릴 도료

타미야 타미야 아크릴 컬러

● 아크릴 도료 하면 이거! 라고 말할 정도로 표준적인 도료. 전차 모형용 도료도 풍부하게 준비돼 있습니다. 아크릴 도료는 도막 강도는 래커 도료보다 못하지만, 냄새가 적고 아주 사용하기 쉬운 도료입니다. 용량은 10ml.

※타미야 도료만의 장점

● 타미야 도료는 아크릴과 에나멜 도료, 그리고 모든 색이 있는 건 아니지만 래커 도료에도 같은 색(엄밀하게 따지자면 약간 다릅니다)이 있습니다. 도료의 성질은 다르지만 발색은 거의 같으니까, 아크릴 도료를 사용한 기본색을 리터치하는 데 에나멜 도료를 사용하는 등, 같은 메이커의 같은 색이기에 가능한 사용 방법이 있습니다.

바예호 아크릴

● 스페인제 아크릴 도료. 일본에서는 보크스에서 취급합니다. 팔레트에 조금 덜어놓고 물로 희석해서 칠합니다. 색 종류가 정말 많고, 전차 모형에 사용하는 색도 많습니다. 전차에 칠하는 건 물론이고, 이 도료로 피규어를 칠하는 모델러도 국내외에 아주 많습니다. 에어브러시 도색에는 「에어」라는 시리즈(에어브러시 도색에 적절한 농도로 희석되어 있습니다)를 사용합니다. 용량은 17ml.

GSI 크레오스 수성 하비 컬러

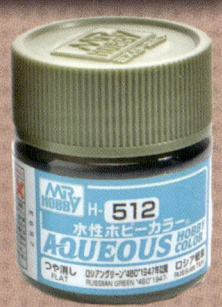

● 무난하고 다루기 편한 도료입니다. 같은 회사의 래커 도료 Mr. 컬러와 비교하면 색 종류가 그리 많지는 않지만, 제2차 세계대전의 각국 전차를 재현하는 색은 거의 구비하고 있습니다. 외부 장비품 도색에도 편리. 용량은 10ml.

에나멜 도료

타미야 타미야 에나멜 컬러

● 신뢰할 수 있는 품질과 대부분의 모형점에서 취급하는 덕분에 안정적으로 입수할 수 있는 도료입니다. 도료가 잘 퍼져서 붓도색에 사용하기 편한 것도 특징. 차체를 칠하는 것도 가능하지만, 전차 모형의 경우에는 자잘한 부분을 칠하거나 웨더링, 피규어 도색에서 진가를 발휘합니다. 전차 모형을 만들 때는 꼭 필요하다고 해도 과언이 아닌 도료입니다. 용량은 10ml.

가이아노츠 에나멜 컬러

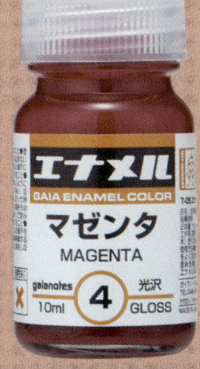

● 에나멜 도료 중에서 유일하게 3원색(마젠타, 시안, 옐로, 섞어서 다양한 색을 재현 가능)과 형광색이 있는 등, 독특한 라인업이 눈길을 끄는 도료입니다. 전차 모형에서 사용하는 색 중에서도 녹슨 색이나 검댕, 먼지 색 같은 웨더링에 적합한 색을 구비한 것도 큰 특징. 용량은 10ml.

험브롤 에나멜 컬러

● 영국제 에나멜 도료. 일본에서는 비바 코퍼레이션이 유통합니다. 독특한 캔에 든 도료는 상당히 잘 쳐지고 발색도 뛰어납니다. 잘 섞어주지 않으면 제 성능을 발휘하지 못한다는 주의점이 있지만, 완전히 마르면 도막이 아주 튼튼하다는 특징도 있습니다. 이 위에 래커 도료를 덧칠해도 되는 정도의 내성이 있고, 전차 모형에 적합한 색도 다수 구비하고 있으며, 특히 전차병 등의 피규어를 본격적으로 칠하는 모델러 중에 애호가가 많은 도료입니다. 용량은 14ml.

서페이서

도료를 키트에 바로 칠해도 되나요?

먼저 서페이서로 밑칠을 해주면 여러모로 안심됩니다

서페이서로 밑칠을 해주면 좋은 점

타미야
파인 서페이서 L
(라이트 그레이)
660엔
타미야
파인 서페이서 L
(옥사이드 레드)
880엔

① 도막이 잘 벗겨지지 않는다

● 전차 모형에서는 기본색을 도색한 뒤에도 웨더링 공정에서 도장 표면을 건드리는 기회가 많습니다. 그래서 도료가 플라스틱에 잘 달라붙게 해줄 필요가 있습니다. 서페이서는 플라스틱에 확실히 달라붙는 데다, 도료를 꽉 붙잡아주기까지 합니다. 특히 에칭 부품을 사용할 때는 꼭 서페이서를 뿌려주세요.

② 흠집이나 덜 다듬은 부분을 체크할 수 있다

● 차체 도색 전에 서페이서를 뿌려주면 부품의 색이 통일되기 때문에 파팅 라인이나 게이트 자국 등 깜박하고 다듬지 않은 부분이 눈에 잘 보이게 됩니다. 그리고 작은 흠집을 메워주는 역할도 합니다. 플라스틱에 직접 차체색을 뿌렸을 때 확 드러나서 눈에 띄는 사포 자국도, 어느 정도까지는 서페이스를 뿌려서 메워줄 수 있습니다.

● 서페이서를 뿌린다면 칠하기 편한 타미야의 파인 서페이서를 추천합니다. 마른 뒤에 사포로 연마하기도 쉽고, 금속 부품에도 잘 올라가는 성분도 포함되어 있습니다.

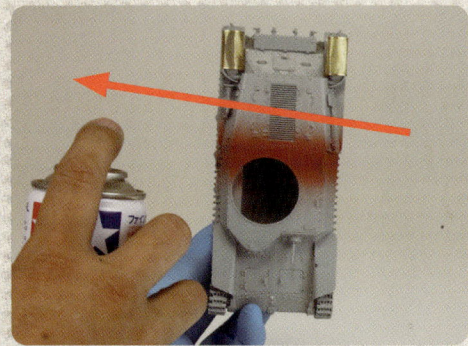

● 사용할 때는 용기를 수십 번 흔들어서 내용물을 확실히 섞어주세요. 색이 잘 입혀지지 않는 건, 덜 섞였다는 뜻입니다.

● 캔 스프레이는 처음에 잔뜩 뿜어지니까, 도색 대상물에 바로 뿌리는 게 아니라 부품에서 약간 벗어난 위치에서 버튼을 눌러주고…….

● 누른 채로 대상물 위를 슥, 하고 지나가는 것처럼 이동시킵니다. 대상물에서 벗어난 곳에서 손을 떼주세요.

래커 도료의 특성

 **래커 도료의 구체적인 사용 방법을 알고 싶어요**

 **래커 도료는 주로 기본 도색에 사용하는 경우가 많습니다.**

래커 도료의 특성

도료

● 래커 도료의 특징은 도막 강도, 또한 플라스틱에 잘 달라붙고 에어브러시로 칠하기도 쉬워서 특히 기본색 도색에 좋습니다. 주의점은 함유 성분과 냄새. 도료를 들이마시면 건강을 해칠 수도 있으니까, 사용할 때는 환기를 잘 해주고 붓으로 칠할 때도 마스크 등을 꼭 써주세요.

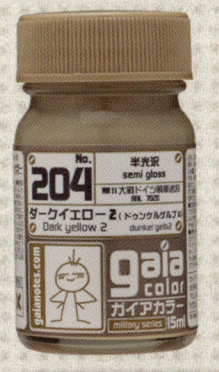 

용제(희석액)

● 래커계 희석액은 여러 메이커에서 각 메이커의 도료 전용 희석액이 크고 작은 사이즈로 발매되고 있는데, 건조 시간이 길어지는 타입이나 에어브러시 도색에 적합한 것, 메탈릭 도색용으로 조합한 것 등, 종류가 아주 풍부합니다.

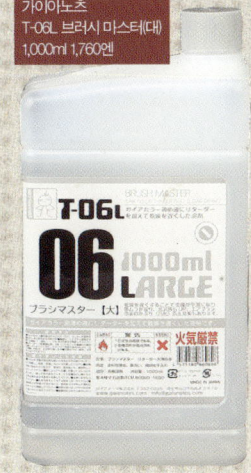

에어브러시로 사용

● 래커 도료는 잘 퍼지고 희석하기도 쉬운 데다 도막도 강해서, 에어브러시와 상성이 좋은 도료입니다. 에어브러시 도색에 도전하겠다면 먼저 래커 도료를 시험해보는 쪽이 좋을 겁니다.

붓도색도 못 하는 건 아니지만…

● 물론 붓도색도 가능합니다. 하지만 겹칠할 때 먼저 칠한 도료가 녹아 올라오는 경우가 많아서, 깔끔한 도색면을 만들려면 경험과 붓놀림 기술이 필요합니다. 처음에는 차체 도색이 아니라 보기륜의 고무 부분이나 장비품 등 면적이 작은 곳부터 시작해서 익숙해지도록 하세요.

에어브러시 도색에서는 희석이 필수

● 에어브러시를 사용해서 도색할 때는 전용 희석액으로 도료를 희석해야 하는데, 전차 모형 도색은 자동차 모델처럼 깔끔한 도색면이 필요하지 않으니까, 적당히 희석해도 일단 뿌려집니다. 그것도 에어브러시에서 사용하기 쉬운 요소 중에 하나입니다.

타미야 스프레이는 래커 도료

● 타미야제 캔 스프레이의 성분은 래커 도료입니다. 타미야의 서페이서 정도는 아니지만, 잘 흐르지 않고 정말 칠하기 쉬운 스프레이입니다. 또한 GSI 크레오스의 캔 스프레이도 래커 도료입니다.

아크릴 도료의 특성

 아크릴 도료의 특성을 알고 싶어요

붓도색, 에어브러시 모두 가능한 데다 냄새도 적어서 초보에게 추천

아크릴 도료의 특성

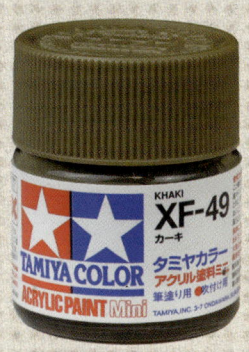

타미야

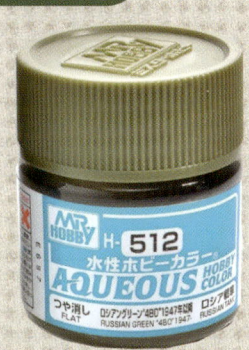

GSI 크레오스

● 냄새가 적고 인체에 주는 영향도 적은 성분의 도료입니다. 붓도색은 물론이고 에어브러시 사용도 가능하며, 래커 도료나 에나멜 도료보다 무난하게 사용할 수 있어서, 다양한 상황에 폭넓게 대응할 수 있습니다. 타미야와 GSI 크레오스의 아크릴 도료는 모형점에서 널리 취급하고 있어서 입수하기도 쉽습니다.

타미야 아크릴 용제

타미야
X-20A 아크릴 용제 특대
250ml 660엔

● 아크릴 도료는 물로도 희석할 수 있지만, 부품에 정착이 잘 안 되거나 쉽게 흘러내릴 수 있습니다. 붓도색이나 에어브러시를 사용할 때는 각 메이커의 전용 희석액으로 희석해서 사용하면 정착도 잘 되고 잘 칠해지게 됩니다.
또한 각 메이커에서는 추천하지 않지만 래커 도료용 희석액을 사용할 수도 있습니다(단, 용제 냄새가 심하게 납니다). 그런 면에서 아크릴 전용 희석액은 도료처럼 냄새가 적기 때문에 장시간 작업하기 좋습니다만, 그래도 마스크는 꼭 착용하세요.

넓은 범위에도 붓자국 없이 칠할 수 있습니다

● 래커 등 다른 도료에 비해 먼저 칠한 도료 위에 겹칠해도 영향이 적기 때문에 붓도색에 사용하기 좋습니다. 한 번에 다 칠하는 게 아니라 여러 번에 나눠서 건조→겹칠을 반복하면 깔끔하게 칠해집니다. 포인트는 일단 칠했으면 확실히 말리는 것.

붓 등 도구 세척은 물로 OK!

● 아크릴 도료는 경제적인 면에서도 훌륭한 도료입니다. 붓 등의 도색 도구 세정도, 도료가 마르기 전이라면 수돗물로 해도 됩니다. 에어브러시도 양동이에 물을 받아놓고 물속에서 뽀글이를 하거나, 조작 버튼을 눌러서 브러시 안에 물을 순환시키며 세척하는 방법도 가능합니다.

당연히 에어브러시 도색도 됩니다

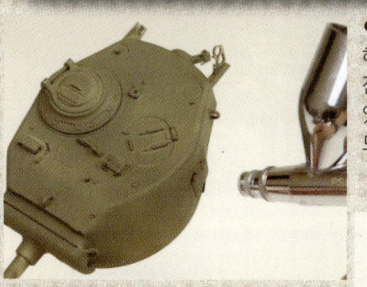

● 에어브러시를 사용할 때는 래커용 도료에 비해서 신중하게 희석 비율을 조절해야 하지만, 전용 희석액을 사용하면 문제없이 사용할 수 있습니다. 밑색을 가리는 능력(차폐력)이 좋은 도료라서, 착색하기 쉽다는 특징이 있습니다.

● 에어브러시에 도료가 남은 채 방치했거나 도색 도구를 확실하게 세척하고 싶을 때는 래커용 희석액을 사용하세요. 특히 에어브러시는 구석진 부분에 도료가 남기 쉬우니까, 래커용 희석액과 붓으로 꼼꼼히 씻어주세요.

에나멜 도료의 특성

 **에나멜 도료의 특성을 알고 싶어요**

 **세세한 붓도색이나 웨더링 등 마무리에 필요한 도료입니다**

에나멜 도료의 특성

타미야

험브롤

● 에나멜 도료는 에어브러시로도 사용할 수 있지만, 희석 조절이 너무 어렵고 금방 분리되기 때문에 에어브러시 컵 안에서 안료가 침전돼서, 제대로 뿌리기가 쉽지 않습니다. 특별한 일이 없는 한 에나멜 도료는 붓도색을 위한 도료라고 생각해두세요.

● 래커 도료에는 다른 회사의 희석액을 사용해도 큰 문제가 없지만, 에나멜 도료에서는 다른 메이커의 희석액을 사용하면 도료의 원래 성능을 발휘하지 못하는 경우가 있습니다. 특히 험브롤이 그런 경향이 현저합니다. 희석액은 사용하는 도료와 같은 회사의 것을 사용하세요.

에나멜 용제

타미야
X-20 에나멜 용제 특대
250ml 550엔

험브롤
에나멜 시너
125ml 770엔
※점포 재고만 있음.
28ml 병 타입도 발매 중(330엔)

세밀한 붓도색에 최적

● 에나멜 도료는 용제에 끈기가 없고 붓에 잘 머금어져서, 자잘한 부분 도색에 아주 적합합니다. 전차 모형에서는 섬세한 도색이 많은 피규어나 외부 장비품 등의 부분 도색에 적합하다고 할 수 있습니다.

래커, 아크릴 위에 겹칠도 가능

● 에나멜 도료는 래커 도료, 아크릴 도료의 도막에 침식하지 않습니다. 즉, 래커 도료나 아크릴 도료로 칠한 뒤에 에나멜 도료로 덧칠해도 밑색에 영향이 없습니다. 험브롤 에나멜은 독특한데, 일단 마르기만 하면 그 위에 래커를 덧칠할 수도 있지만, 어디까지나 특별한 경우입니다.

에나멜 도료의 특징을 살린 「웨더링용 도료」도 있습니다

GSI 크레오스
Mr. 웨더링 컬러
그라운드 브라운
40ml 418엔

타미야
먹선 도료
(다크 브라운)
40ml 396엔

● 에나멜 도료를 혼합해서 조색하거나 희석액으로 희석하지 않고 그대로 사용하는 전용 도료도 있습니다. 타미야와 GSI 크레오스에서 발매되고 있습니다.

● 도료를 병에서 덜어낸 뒤에 그대로 바르면 먹선과 워싱 효과를 얻을 수 있습니다. GSI 크레오스의 Mr. 웨더링 컬러는 전용 희석액을 사용합니다. 에나멜 도료로 워싱하면 플라스틱 도료에 침투해서 약해지게 만드는 경우도 있지만 웨더링 마스터, 먹선 도료 모두 플라스틱에 잘 침식하지 않게 조정했습니다.

겹칠의 법칙

Q 각 도료를 칠하는 순서는 어떻게 해야 좋을까요?

A 도료 겹칠의 법칙을 파악해보겠습니다

기본적인 도료 겹칠 방법

● 각 도료의 특성을 이해하고 서로의 도면에 대한 영향을 이해해봅시다. 먼저 래커 도료는 강인한 도막을 만들기 때문에 아크릴, 에나멜의 영향을 전혀 받지 않습니다. 그래서 밑칠이나 기본 도색에 사용합니다. 아크릴 도료 도면은 에나멜 도료에는 영향을 받지 않아도 래커 도료에는 영향을 받으니까, 래커를 덧칠하는 건 엄금. 에나멜 도료는 아크릴 도료보다 도막이 섬세하기 때문에, 마지막 덧칠 등에 사용합니다. 이런 '도막의 강한 순서'를 파악해두고 덧칠을 하면, 밑에 칠한 색이 녹아서 다 망쳐버리는… 그런 사태를 회피할 수 있습니다.

기본적인 겹칠을 이용한 삼색 위장 도색 방법

● 서페이서를 뿌려줬으면 래커 도료 다크 옐로로 기본색을 칠해줍니다.

● 삼색 위장은 각 도료에 공통되는 색을 조금씩 섞어서 통일감을 주는 것이 요령. 여기서는 흰색을 섞었습니다.

● 먼저 다크 그린으로 문양을 그립니다. 위장의 라인을 따라 그리고, 서서히 굵게 해주는 것이 요령입니다.

● 위장색 가장자리는 에어브러시를 가까이 대서 그러데이션 부분이 너무 커지지 않도록 조심하세요.

● 같은 순서로 다크 브라운 무늬를 그려줍니다. 익숙해지기 전에는 설명서 일러스트를 참고하세요.

● 삼색 위장 문양을 다 그렸으면 아크릴 도료로 세세한 부분을 칠해줍니다.

● 세세한 부분을 칠했으면 워싱을 해줍니다. 에나멜 도료, 타미야 먹선 도료 중에 어떤 걸 써도 좋습니다.

● 마지막으로 에나멜 용제를 적신 면봉으로 워싱 도료를 닦아내면 완성입니다.

겹칠의 응용

Q 겹칠의 법칙을 반드시 따라야 하나요?

A 클리어(투명한 도료)를 바르면 다채로운 겹칠이 가능합니다.

아크릴 위에 래커를 바르는 경우도 있다!

●도막이 강한 래커 클리어를 덧칠해주면 밑에 있는 색을 보호할 수 있습니다. 아크릴, 에나멜 위에 뿌리는 건 주로 클리어 컬러. 적절히 뿌려주면 영향을 주지 않습니다.

GSI 크레오스
Mr. 슈퍼 클리어 UV 컷(용제계 스프레이) 유광
880엔
Mr. 슈퍼 클리어 UV 컷(용제계 스프레이) 무광
880엔

●데칼 붙일 때 자주 사용하는 테크닉을 소개합니다.
❶아크릴 도료가 말랐으면 래커 스프레이 유광 클리어로 코팅합니다.
❷표면이 매끈해져서 데칼을 깔끔하게 붙일 수 있습니다.
❸데칼이 마르면 이번에는 무광 클리어를 뿌려주세요.
❹처음에 광택이 돌던 부분이 무광이 되고, 데칼도 확실하게 밀착시켜줬습니다.

클리어 코팅을 이용한 달인의 겹칠

1
●서페이서를 뿌립니다. 사용한 도료는 타미야 파인 서페이서(옥사이드 레드).

2
●기본 도색은 '아크릴 과슈'라고 하는, 화방 등에서 파는 아크릴계 물감을 사용했습니다.

3
●아크릴 과슈로 도색하면 광택이 없어집니다. 유광 스프레이를 뿌려서 광택을 내줍니다.

4
●아크릴 도료로 차체 번호를 그렸습니다. 유광을 뿌린 덕분에 깔끔하게 그리기 쉬웠습니다.

5
●먼저 그린 차체 번호를 아크릴 희석액으로 긁어나간 것처럼 닦아내고, 그 위에 새 번호를 그려서 실제 차에서 볼 수 있는 번호를 새로 그린 모습을 재현했습니다.

6
●아크릴 도료와 붓으로 장비품 등 세세한 부분을 칠합니다.

7
●Mr. 웨더링 컬러를 여러 색 겹칠해서 웨더링을 합니다. 차체가 유광이라서 생각지 못한 얼룩이 생기지 않았습니다.

8
●웨더링이 완성됐으면 무광 클리어를 뿌려서 표면의 광택을 정리하고 완성.

웨더링

 **초보자한테는 웨더링이 너무 어려워 보여요…**

웨더링은 전차 모형을 만드는 과정에서 가장 즐거운 작업입니다!

웨더링의 효과를 확인해보자

웨더링 안 함

웨더링 함

Q: 웨더링은 필수 작업인가요? 초보자한테는 너무 어려워 보여서, 전차 모형에 겁을 먹게 되는 요인입니다…

A: 웨더링이 필수라기보다는, 다들 웨더링을 하고 싶어서 전차 모형을 만든다고 해도 과언이 아닙니다! 간단한 공정을 거치기만 하면 그냥 칠한 것보다 압도적으로 리얼해지는 것이 웨더링의 즐거움입니다!

웨더링에서 사용하는 도구&소재

타미야 에나멜 컬러

● 워싱에 사용하는 도료는 타미야 에나멜 컬러 플랫 블랙과 플랫 브라운. 드라이 브러시에는 에나멜 도료 버프를 사용합니다.

타미야 에나멜 용제

● 용제는 타미야 에나멜 도료 전용 희석액을 사용했습니다.

평붓과 세필

● 드라이 브러시는 평붓을 혹사시키니까 싼 것으로도 충분. 세필도 있으면 편합니다.

스펀지

● 주방용 스펀지 수세미 등, 눈이 거친 스펀지를 준비해주세요.

웨더링 순서

워싱
↓
닦아내기
↓
드라이 브러시
↓
치핑
↓

워싱

●기본색으로 칠한 도료 위에 용제로 희석한 에나멜 도료를 칠해서, 원래 도료의 톤을 어둡게 잡아줍니다. 또한 다양한 발색과 광택으로 칠해진 도색면 전체에 에나멜 도료를 코팅해서 제각각이었던 질감을 어느 정도 통일해줍니다. 이렇게 해서 모형에 시각적으로 리얼한 느낌을 추가해주는 작업, 이것이 '워싱'입니다.
❶플랫 브라운과 플랫 블랙을 1:1로 섞고 에나멜 용제로 3배 정도로 희석합니다.
❷평붓을 이용해 전체적으로 칠해줍니다.
❸조금 마르면(완전히 마를 때까지 기다리지 않아도 됩니다), 다른 마른 평붓이나 면봉 등에 에나멜 용제를 묻혀서, 조금 전에 칠한 에나멜 도료를 닦아냅니다.
❹어설프게 남기려고 하지 말고, 전부 닦아낸다는 기분으로 작업하세요. 그래도 표면에 에나멜 도료가 희미하게 남는데, 이게 적절한 워싱 효과를 만들어줍니다.

드라이 브러시

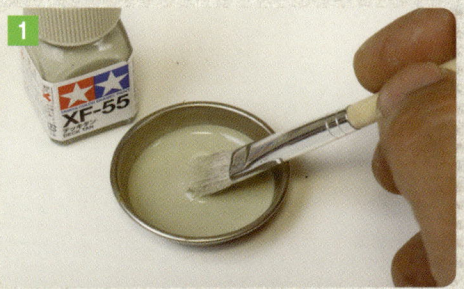

●워싱으로 전체 톤을 낮춰줬지만, 모서리 부분에만 밝은색을 입혀서 전체에 변화를 줍니다. 또한 색 정보가 늘어나면서 리얼한 느낌을 늘려줍니다. 이 기술을 '드라이 브러시'라고 합니다.
❶에나멜 도료 버프나 덱 탄 등을 평붓에 묻힙니다. 여기서는 희석하지 않습니다.
❷평붓에 묻힌 도료를 천 등으로 닦아냅니다. 붓에 남긴다고 생각하지 말고, 전부 닦아낸다는 생각으로 처리해주세요.
❸도료를 닦아낸 평붓으로 차체의 디테일이 있는 부분을 문질러주면, 아주 조금 남아 있던 도료가 모서리 부분에만 입혀집니다.
❹모서리 부분에 밝은 색이 입혀진 것이 보입니다. 이것이 드라이 브러시입니다.

치핑

●드라이 브러시에서 작업을 끝내도 좋지만, 더 액센트를 주기 위해서 '치핑'을 해보겠습니다. 이것은 전차 차체에 생긴 흠집을 도료로 표현하는 테크닉입니다.
❶플랫 블랙과 플랫 브라운을 섞어서 다크 브라운을 만듭니다(용제로 희석하지는 않습니다). 작게 찢어낸 스펀지를 핀셋으로 집어서 도료를 살짝 묻혀줍니다.
❷그대로 차체의 흠집이 생길 것 같은 부분에, 스탬프처럼 가볍게 찍어주세요.
❸이러면 도료가 자잘하게 묻으면서 흠집 같은 표현을 만들어줄 수 있습니다. 이 작업은 효과가 눈에 바로 보이기 때문에 신이 나서 너무 많이 해버리는 경우가 많은데, 적당히 하고 멈추는 것이 리얼하게 만드는 요령입니다.
❹평면 부분의 흠집은 세필로 그려줍니다. 수정하고 싶을 때는 에나멜 용제로 닦아내세요.

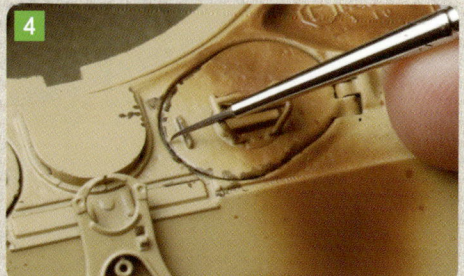

붓도색

Q 붓으로 칠하는 방법과 붓의 종류를 알고 싶어요!

붓을 고르는 포인트와 사용 방법을 알려드리겠습니다! A

붓의 종류

평붓

● 폭이 넓어서 넓은 범위 도색에 적합한 붓입니다. 도색은 물론이고 드라이 브러시에서도 활용할 수 있습니다. 털이 많아서 도료를 많이 머금게 할 수 있습니다. 그 특성을 이용해서 워싱한 뒤에 닦아내는 데도 사용할 수 있습니다.

면상필

● 끝이 가늘어서 세세한 도색에 좋습니다. 일본에서 시작된 붓이고, 인형가가 얼굴을 그릴 때 사용해서 면상필이라고 부릅니다. 비싼 붓도 있고, 경험을 쌓으면 1/35 피규어의 눈도 칠할 수 있습니다.

가격도 다양하지만 처음엔 싼 것으로 충분

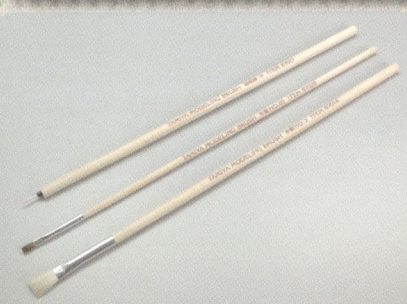

● 붓 가격은 그야말로 천차만별. 일반적으로 비싼 붓일수록 섬세한 도색에 좋다고 하지만, 제조사가 생각하는 섬세함의 레벨은 상당히 높은 영역이기 때문에, 모형 입문용으로는 싼 모형용 붓으로 충분합니다.

붓의 수명에 주의

● 붓을 사용한 뒤에 용제로 잘 씻어서 정비하는 것이 필수입니다만, 아무리 잘 정비해도 언젠가는 수명이 다 됩니다. 끝이 모이지 않거나 이상하게 틀어지면 수명이 다 됐다고 생각하고 새 붓으로 바꿔주세요. 낡은 붓은 드라이 브러시용으로 사용하는 모델러도 많습니다.

붓도색 예

● 붓은 다양한 크기와 모양이 있는데, 크게 구분하면 평붓과 면상필이 있습니다(또 다른 모양의 붓도 있지만, 모형 제작에서는 많이 사용하지 않습니다). 여기서는 평붓과 면상필의 사용 예를 소개하겠습니다.

평붓

● 주로 넓은 부분을 칠할 때 사용합니다. 전차 모형에서는 기본 도색에 사용하고, 다른 주된 사용방법은 용제로 희석한 에나멜 도료를 넓은 범위에 도포하거나(워싱), 도료를 용제로 닦아내는 등에 많이 사용합니다.

면상필

 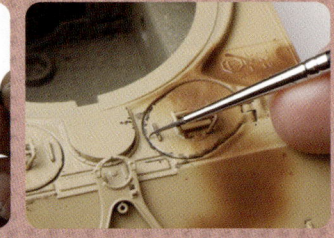

● 모형을 만들 때 면상필을 사용하는 방법은, 세세한 부분 도색뿐이라고 해도 될 겁니다. 장비품 칠하기나 치핑 그려 넣기, 마킹 그리기, 피규어 얼굴이나 휘장 도색 등, 자잘한 부분 도색에 아주 편리합니다.

에어브러시

Q 역시 초보자한테는 에어브러시 도색이 어려울까요?

A 기본적인 방법만 알아두면 문제없습니다

에어브러시에도 종류가 있다

싱글 액션

●버튼을 누르면 에어와 컵 안에 있는 도료가 동시에 뿜어져 나오는, 심플한 구조의 에어브러시. 심플한 만큼 가격도 약간 쌉니다. 매번 뒤에 있는 다이얼로 도료 분출량을 조절해야 하지만, 도료를 필요 이상으로 분출하는 사고를 막는다는 의미에서 보면, 조절하는 요령을 모르는 초보자에게는 이쪽이 더 좋을지도 모릅니다.

본격적인 콤프레서

●에어브러시 도색에 필요한 공기를 공급하는 장치가 콤프레서. 탱크가 달려 있으면 공기압이 안정돼서 초보자도 안심하며 사용할 수 있지만, 상당히 비싸기도 하고 공간 문제, 진동, 작동 소음 등이 문제.

더블 액션

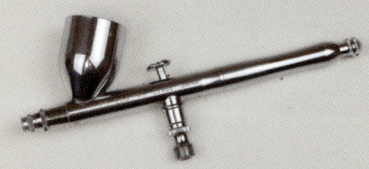

●버튼을 누르면 에어만 분출되고, 버튼을 뒤로 당기면 도료 분출량을 조절하는 타입입니다. 잡은 상태에서 다양한 조절이 가능해서, 익숙해지면 이쪽이 훨씬 사용하기 좋을 겁니다. 구조가 조금 복잡한 만큼 가격은 싱글 액션보다 약간 비싸다는 점이 문제입니다.

부담된다면 캔도 있다!

●가격 등의 사정 때문에 바로 콤프레서를 구입하는 것을 주저하는 경우에는, 시험 삼아 에어 캔을 써보면 됩니다. 단, 에어 압력이 불안정하고 소모품이기 때문에, 오래 사용하려면 결과적으로 콤프레서를 구입하는 쪽이 저렴합니다.

에어브러시의 포인트는 도료 농도뿐

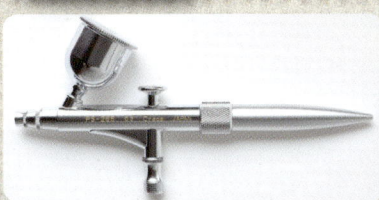

●에어브러시에서 주의해야 할 점은 도료 농도. 도료 병에 들어 있는 상태에서는 너무 진하니까, 각 도료의 전용 용제로 희석해서 사용합니다. 기온이나 도료 상태에 따라 달라지지만, 도료와 용제 1:1을 기준으로 용제를 조금 많이 넣고, 시험 삼아 뿌려서 비말이 튀지 않는 적절한 농도를 확인한 뒤에 도색을 시작해주세요.

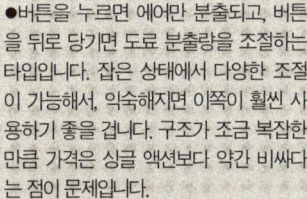  

○적절   ×너무 진함   ×너무 묽음

사용을 마쳤으면 확실하게 정비

●에어브러시를 다 사용한 뒤에는 반드시 용제로 씻어주세요. 도료가 굳어버리면 사용할 수 없게 돼버립니다.
❶먼저 컵 안에 남은 도료를 버립니다.
❷컵 안에 용제를 넣고 뿌려줍니다.
❸에어브러시에서 용제밖에 나오지 않을 때까지 계속 반복하세요.

1　　　2　　　3

Yoshitaka SAITO's SPECIAL MODEL GALLERY-3
German Heavy Tank Sd.Kfz.186
KING TIGER

사이토 요시타카 씨가 만든 드래곤제 킹 티거입니다. 상당히 본격적으로 만드셨는데, 사실은 제가 지금부터 도색할 IV호 전차와 마찬가지로 기본적인 도색 기법을 반복해서 칠하셨네요?!

드래곤 1/35 플라스틱 모델
Sd.kfz.182 킹 티거 후기형 아르덴 1944
7,326엔

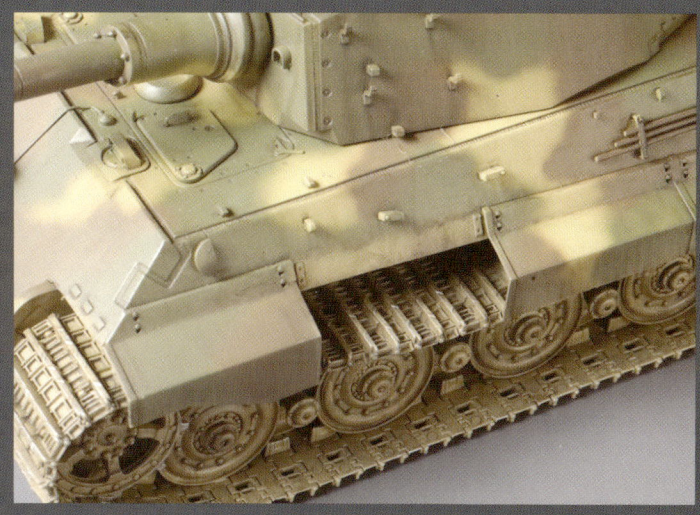

●드래곤의 킹 티거를 만들었습니다. 궤도를 한 칸씩 연결하는 타입이라서 벨트식이나 부분 연결식보다 조립하는 요령이나 공작 스킬이 필요합니다. 이 키트는 전차 모형에 어느 정도 익숙해진 뒤에 도전하는 것이 좋을지도 모릅니다. 그 밖에는 딱히 작업하기 힘든 부분은 없지만, 에칭 부품이나 금속제 견인 와이어 등, 순간접착제가 필요한 소재도 들어 있습니다.

작품은 사이드 스커트와 프론트 펜더, 차재 장비품을 중간중간 비워서 신차가 아니라 전장에서 오랫동안 사용한 차량을 표현했습니다. 별매품 디테일 업 부품을 사용하지 않아도, 키트의 부품을 자르고 깎는 단순한 가공만으로도 키트에 개성을 부여해줄 수 있습니다.

도색은 차체 위장 도색까지는 래커 도료를 사용했습니다. 위장 도색은 인접하는 색 사이에 그러데이션이 있는 차량이니까, 에어브러시를 사용해서 재현했습니다. 실제 차량 도색에서는 색과 색의 경계가 선명한 차량(부대)도 있습니다. 그 경우에는 붓도색으로도 재현할 수 있습니다. 위장 무늬라고 무조건 에어브러시로 도색해야만 하는 건 아닙니다. 키트를 구입할 때 만들고 싶은 차량이 어떤 위장을 했었는지, 가지고 있는 도구를 고려하면서 도색할 방법을 확인하는 것이 중요합니다.

장비품은 아크릴 도료와 에나멜 도료로 칠해줬습니다. 장비품을 칠한 뒤에 캔 스프레이 유광 클리어를 뿌렸습니다. 웨더링은 에나멜계 도료를 사용해서 먹선을 겸하는 워싱을 해줬습니다. 도료가 다 마르기 전에 과하게 칠한 부분이나 얼룩을 닦아냅니다. 마지막으로 캔 스프레이 무광 클리어를 뿌려서 완성했습니다.

(사이토 요시타카)

Masahiro DOI's SPECIAL MODEL GALLERY-3
Russian Army · Heavy Tank Sd.Kfz.138
JS-2 Model 1944 ChKZ

타미야 1/35 플라스틱 키트
소련 중전차 JS-2 1944년형 ChKZ
4,620엔

도이 마사히로 씨가 만드신, 상당히 본격적으로 도색한 완성 샘플입니다. 초보자가 바로 따라하는 건 힘들겠지만, 이렇게 훌륭한 작품을 보면서 완성 이미지를 떠올리면 좋겠죠.

●기본적으로 도색에 아크릴 과슈를 사용했습니다. 물로 녹여서 사용하니까 냄새가 전혀 안 나고, 붓이나 핸드피스 청소도 물만 있으면 되니까 스트레스가 적습니다. 단, 모형용 도료가 아니다 보니 전용 색을 판매하지 않아서, 직접 조색해야 합니다. 뭐, 그것도 재미 중에 하나입니다만.
또 하나, 전차 모형에 아크릴 과슈를 사용하면 벗겨진 흠집(치핑)을 간단히 재현할 수 있어서 좋습니다. 캔 스프레이도 밑색(옥사이드 레드)을 칠한 위에 과슈로 도색해주고, 마른 뒤에 물을 묻힌 붓으로 문질러주기만 해도 간단하게 리얼한 치핑을 재현해줄 수 있습니다. 치핑을 했졌으면 도막 보호와 먹선 작업을 쉽게 해주기 위해서 캔 스프레이 유광 클리어를 뿌려서 전체를 반질반질하게 해줍니다.

먹선은 GSI 크레오스 웨더링 컬러 그라운드 브라운으로. 먹선을 넣었으면 이번에는 전체에 캔 스프레이 무광 클리어를 뿌리고, 이번에도 웨더링 컬러로 흙 얼룩이나 먼지 자국을 넣어줍니다. 마지막으로 티크 스틸 피그먼트(가루)를 면봉에 묻혀서 궤도 접지 부분에 문질러주면 웨더링 완료입니다. 어떠신가요? 의외로 간단하게 멋진 전차 모형이 완성됐죠? 여러분도 꼭 해보세요!

(도이 마사히로)

LET'S TRY!

실천! 타미야 IV호 전차를 초보자 여성이 만든다

❻ 차체를 도색하고 웨더링을 해보자

드디어 도색에 돌입합니다. 모형 도색은 꽤 깊이가 있지만, 순서만 이해하면 어떻게든 될 것 같습니다. 과연 잘 될까요 …두근두근!

1~3 · 먼저 밑색 칠하기

● 소품을 제외한, 궤도까지 전부 조립한 상태에서 도색 개시. 먼저 서페이서를 뿌립니다. 저 같은 초보자는 도색을 빠트리는 경우가 많다는 이야기를 듣고서 그 대책으로 ①조심한다(당연하지!) ② 빠트려도 괜찮은 색 서페이서를 사용하자… 니까, 서페는 옥사이드 레드를 사용했습니다. 강사님들 말로는 실제 차량에서도 같은 색을 칠했다고 하니까, 만에 하나 빠트린 부분이 있어도 안심입니다!

4 · 너무 많이 뿌리지 않게 주의!

● 서페이서를 너무 잔뜩 뿌려버리면 지금까지 노력한 것들을 다 망치게 되니까, 너무 많이 뿌리지 않게 조심합니다. 뿌릴 때는 모형 쪽으로 향하고 뿌리는 게 아니라, 도료를 뿜고 있는 캔을 이동시키면서 샥, 하고 칠하는 느낌입니다.

5~6 · 기본색 칠하기

● 서페이서를 칠했으면 말린 뒤에 기본색 도색에 들어갑니다. 스페이서는 바로 마르니까, 의외로 금세 기본 도색에 들어가게 됩니다. 먼저 우묵한 부분부터 에어브러시로 가늘게 뿌려서 빠트리는 것을 방지합니다.

➡ 이쪽이 1단계 도색을 마친 상태입니다.

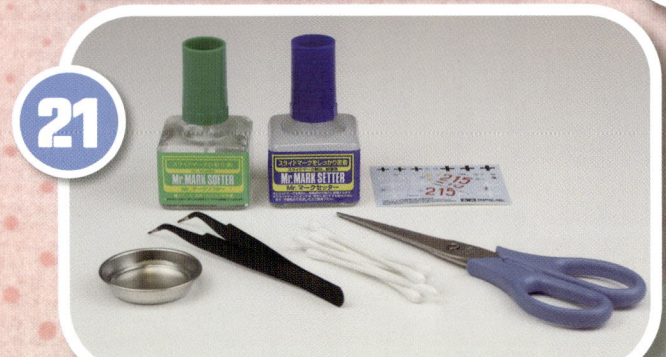

19~27 · 데칼 붙이기

● 여기까지 척척 진행하고 있는 저 자신이 놀랍고, 이제 치핑 다음에는 데칼을 붙입니다. 실패하면 데칼을 망치게 되니까 조금 긴장됩니다. 일단 조립 설명서를 잘 보면서 사용할 데칼의 종류, 붙일 위치를 확인합니다. 데칼을 붙일 위치에 미리 유광 클리어를 뿌려서 데칼을 붙이기 쉽게 해주는 것도 잊으면 안 됩니다.
괜찮게 칠했던 IV호 전차가 클리어를 뿌렸더니 미끌미끌 번들번들해져서 조금 풀이 죽었지만, 여기서 당황하면 안 됩니다. 붙이고 싶은 데칼을 물에 담그고 20초 정도 지났을 때 건져내고, 티슈 위에 올려서 수분을 없애줍니다. 그동안에 데칼을 붙일 곳에 마크 세터라는 데칼의 접착력을 강하게 해주는 액체(파란 뚜껑 병)를 발라주고, 데칼을 종이에서 슬라이드해서 생각해둔 위치에 붙였습니다. 조금 지나서 면봉으로 불필요한 수분을 흡수해주면 데칼 작업 완료입니다!

28~29 · 울퉁불퉁한 곳에 데칼 붙이기

● IV호 전차 뒤쪽에 있는 상자(게팩카스텐)은 매끈한 클리어 코팅과 마크 세터 덕분에 의외로 쉽게 붙일 수 있었는데, 소품인 제리캔은 표면이 울퉁불퉁해서 붙이기 힘들겠죠… 이럴 때는 마크 소프터(녹색 뚜껑 병)를 사용하면 데칼이 부드러워져서 울퉁불퉁한 면에도 딱 붙일 수 있습니다. 데칼이 부드러워지면 다루기 힘들어지니까, 붙일 위치를 정하고 마크 소프터를 바른 다음에 위치가 틀어지지 않도록 면봉으로 살짝 눌러서 정착시켜줍니다.

30~31 · 자잘한 부분 칠하기
● 데칼이 완전히 말랐으면 아크릴 도료로 자잘한 부분을 칠해줍니다. 프로는 예비 궤도를 검정색이 아니라 회색으로 칠한다고 해서, 면상필로 저먼 그레이를 칠해줬습니다. 약간 삐져나와도 차체 표면이 매끄러우니까 쉽게 닦아낼 수 있었습니다. 매끈매끈 코팅에는 이런 효과도 있군요!

32 · 무광 코팅
● 이제야 겨우 무광 클리어 스프레이를 뿌려서, 표면의 광택을 중후한 무광으로 바꿔줍니다.

33~35 · 워싱과 드라이 브러시
● 마지막으로 워싱과 드라이 브러시를 해주면 차체는 완성입니다. 드라이브러시를 너무 심하게 해주면 기껏 해준 치핑이 지워지니까 적당히 해줬습니다. 그리고 궤도까지 마치면 완성입니다!

MEA's VOICE
● 전차 모형은 그냥 기본색만 칠하는 게 아니라, 치핑이나 워싱, 데칼 등의 기술을 계속 사용해야 하니까 힘들겠다… 고 생각했었는데, 이 일련의 작업이 즐거움이라는 것을 실감했습니다. 하나하나 공정을 거칠 때마다 점점 달라지니까 정말 재미있습니다. 그중에서도 치핑이 정말 재미있었습니다. 이 시점에서 벌써 너무 멋있어요~~!!

궤 도

Q 전차 구동부는 궤도 칠하기에 웨더링 등등 할 일이 많아서 칠하기 어려울 것 같아요…

A 일단 「색을 확실하게 구분」이나 「리얼한 웨더링을 해야만 한다」 같은 생각을 버리세요

●모형 전문서 등에서 볼 수 있는 리얼한 궤도 도색. 실물과 똑같고 정말 대단하지만, 저는 죽어도 못 따라 할 것 같아요.

저는 못 따라 해요!

실제 궤도에 색 구분 같은 건 없습니다!

●어렵게 생각하지 마세요. 조립은 아무 생각 없이, 설명서대로 척척 조립하세요. 전차 모형은 전부 조립한 뒤에 칠할 수 있습니다!

간단 궤도 도색 차트

- 기본색 칠하기
- 다크 어스
- 색 구분 (고무 테두리 바퀴일 때)
- 워싱
- 드라이 브러시

특별한 테크닉 없이 궤도를 칠하는 방법

궤도를 포함한 구동부는 디테일이 선명하기 때문에, 꼼꼼하게 구분해가며 칠하지 않아도 이상하게 보이지 않고, 오히려 그럴듯하게 겹쳐 칠하는 쪽이 더 리얼하게 보입니다!

●차체 기본색을 칠했으면, 래커 도료로 다크 어스를 조색해서 에어브러시로 칠해줍니다.

●구동부에 다크 어스를 칠한 상태. 차체색이 살짝 비치는 정도까지 칠해주세요.

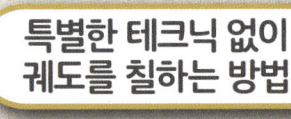

●궤도, 보기륜을 동시에 워싱해줍니다. 타미야 먹선 도료(다크 브라운)을 사용했습니다.

●먹선 도료가 마르면 에나멜 컬러 크롬 실버로 궤도 표면에 드라이 브러시를 해줍니다.

●구동륜의 톱니 부분에도 드라이 브러시해서, 칠이 벗겨지고 금속이 드러난 상태를 재현합니다.

●보기륜 부분도 버프색으로 드라이브러시 해주면 좋습니다. 간단한 작업이지만 리얼한 구동부가 완성됐습니다.

Q 궤도를 더 간단하게 칠하는 방법은 없을까요?

A 캔 스프레이로 칠하는 금단의 기술?을 소개

사이토 요시타카가 고안한 요시타카식 궤도 도색이란?

캔 스프레이로도 본격적으로 칠하는 방법을 소개합니다. 이 방법은 캔 스프레이, 에나멜 도료에 같은 색이 있는 타미야 도료를 사용하면 조색할 필요가 없어서 보다 간단하게 재현할 수 있습니다.

● 구동부와 차체 하부를 먼지색 캔 스프레이(타미야 목갑판색)로 칠합니다. 진흙 받이 위쪽 차체는 칠하지 않습니다.

● 먼지색을 묻어버리지 않게 마스킹을 해준 뒤에 캔 스프레이로 차체색을 도색 색 경계는 그러데이션을 줍니다.

● 구동부의 먼지색과 차체색을 칠했으면 마스킹 테이프를 떼어내세요. 먼지색이 삐져나왔어도 이 뒤에 수정할 수 있습니다.

● 보기륜의 고무 림 부분을 아크릴 컬러 저먼 그레이(블랙은 색감이 너무 세서 사용하지 않습니다)로 칠합니다.

● 타미야 에나멜 저먼 그레이로 구동부에 드라이 브러시를 해줍니다. 드라이 브러시 정도로 더러워진 상태를 조절할 수 있습니다.

● 저먼 그레이로 드라이 브러시를 해주면 먼지색이 삐져나온 것까지 같이 조절 가능. 우묵한 부분의 드라이 브러시는 면상필로 해주세요.

● 데칼을 붙이고 말린 뒤에 캔 스프레이 무광 클리어를 뿌려주세요. 마무리로 궤도에 은색으로 드라이 브러시를 해주면 뚝딱 완성입니다♪

German Light Tank 38(t)

● 어떤가요? 이 방법이라면 겨우 하루 만에 이렇게 칠할 수 있습니다. 꼭 시도해보세요. (사이토 요시타카)

085

LET'S TRY!

실천! 타미야 IV호 전차를 초보자 여성이 만든다

⑦ 구동부, 자잘한 부분

남은 건 마지막 난관, 구동부 도색뿐! 하지만 어려워 보였던 건 저 혼자 착각이고, 지금까지 배운 내용을 활용하면 의외로 간단할지도…?

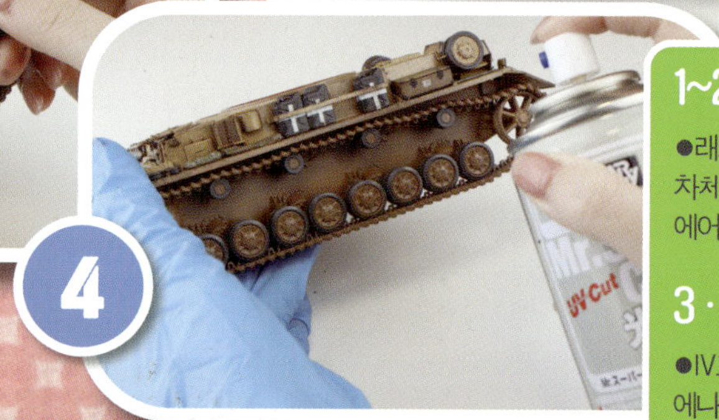

1~2 · 먼저 어스색부터

● 래커 도료 플랫 어스를 구동부에 뿌려줍니다. 차체 윗면으로 도료가 튀는 것만 조심했습니다. 에어브러시를 사용하면 아주 간단합니다.

3 · 보기륜 고무 림 도색

● IV호 전차의 보기륜에는 고무 림이 있으니까, 에나멜 도료를 붓으로 칠해줬습니다. 에나멜 도료를 사용한 이유는, 만에 하나 삐져나와도 에나멜 용제로 지울 수 있기 때문입니다.

4 · 여기서 무광 스프레이

● 이 뒤에 해줄 워싱에 대비해서 구동부에 무광 클리어 스프레이를 뿌렸습니다. 고무 림에 칠한 에나멜 도료를 코팅해줘서, 같은 에나멜 도료를 사용하는 워싱 단계에서 칠한 부분이 지워지는 것을 방지하기 위해서입니다.

5 · 워싱

● 짙은 그레이색 에나멜 도료를 용제로 희석해서 만든 워싱 도료를 구동부 전체에 칠해줍니다.

086

6~7 · 구동부 드라이 브러시

● 구동부는 워싱 도료를 닦아내지 않습니다. 마른 뒤에 에나멜 도료 버프로 드라이 브러시 해줍니다. 사이토 씨께 '드라이 브러시를 위해 붓에서 도료를 덜어낼 때는, 전부 덜어낸다는 생각으로'라고 배웠으니까, 정말로 도료가 남아 있기는 한가? 싶을 정도까지 덜어냈는데, 보기륜에 붓을 댔더니 희미하게 버프색이 묻었습니다. 이 어렴풋한 느낌이 정말 좋습니다!

마무리 작업!

8~11 · 은색 브러시

● 드라이 브러시와 같은 요령으로, 이번엔 에나멜 도료 실버를 사용해서 궤도 표면과 구동륜 톱니 등에 처리해줬습니다. 이것을 '은색 브러시'라고 한다는 것 같습니다.
구동부에 금속 느낌이 나면서, 제가 칠했다는 걸 믿을 수 없을 만큼 리얼해졌습니다.

12~13 · 머플러 칠하기

● 에나멜 도료 플랫 브라운을 용제로 희석해서, 머플러 부분에 워싱하는 요령으로 칠합니다. 이렇게 하면 머플러가 타버린 느낌을 표현할 수 있습니다.

087

14~18 · 웨더링 도료로 세세한 부분 먹선 & 타미야 페인트 마커로 치핑

외부 장비품 등은 Mr. 웨더링 컬러 그라운드 브라운으로 웨더링 겸 먹선. 전용 희석액으로 닦아냅니다.
그리고 타미야 페인트 마커는 은색 입자가 곱고 도료보다 반짝반짝합니다. 그 성분을 이용해서, 새로 생긴 흠집을 표현하기로 했습니다. 마커로 직접 칠하면 실패하기 쉬우니까, 마커 도료를 작은 접시 등에 덜어낸 뒤에 면상필에 묻혀서 모형에 그려주면 훨씬 칠하기 쉽습니다.

19 · 견인 밧줄 접착

마지막으로 견인 밧줄을 접착하면 완성입니다. 견인 밧줄은 설명서에 있는 대로가 아니라, 실제 차량 사진에서 흔히 볼 수 있는 느낌으로 달아줬습니다(사실은 제가 사진을 찾아본 게 아니라, 도이 씨가 가르쳐주셨습니다).

드디어 차체가 완성되었습니다!

제5장
피규어 제작과 도색 편
<강사> 우에하라 나오유키

초보자도 확실하게 완성할 수 있다!
밀리터리 피규어 대공략

우에하라 나오유키
전차 차체부터 피규어, 디오라마까지
높은 수준으로 만드는 밀리터리 모델러

피규어 제작 포인트

 **1/35 피규어는 너무 작아서 초보한테는 조립도 도색도 힘들 것 같아요…**

 **조립 난이도가 낮아서 초보자도 만들기 쉬운 키트를 소개!**

달인이 추천하는 밀리터리 피규어 키트 4종

예전의 피규어 키트는 성형 기술의 제약으로, 조형이 엉성한 제품이 있던 것은 부정할 수 없습니다. 하지만 최근에는, 특히 타미야 제품은 매우 정밀도가 높고 조형이 훌륭하여, 누구라도 조립하는 것만으로 높은 퀄리티의 피규어를 손에 넣을 수 있습니다.

1/35 미군 보병 정찰 세트

타미야 1/35 플라스틱 키트 미군 보병 정찰 세트 1,760엔

● 세밀한 재현도, 프로포션이 훌륭한 피규어입니다. 수통 등의 장비품이 빈틈없이 딱 들어가는 건 물론이고, 소총이나 무전기 같은 장비를 쥐는 손에도 빈틈이 없도록 배려했습니다. 자연스러운 포즈 덕분에 키트 전체보다는 하나, 또는 두세 개를 조합하면 존재감이 더 커질 겁니다.

1/35 M3A1 스카웃 카

타미야 1/35 플라스틱 키트 M3A1 스카웃 카 3,850엔

● 약동감과 표정이 훌륭한 명품. 1cm도 안 되는 1/35 피규어의 얼굴인데도 아시아인(몽골계 소련 병사)이라는 것을 단적으로 알 수 있는 조형입니다. 또한 피규어의 절묘한 중심 위치가 표정과 어우러지면서, 적진을 향해 질주하는 것처럼 멋지게 보입니다. 피규어에 따라 차량의 표정이 풍부해지는 좋은 예입니다.

1/35 미군 전차병 세트

타미야 1/35 플라스틱 키트 미군 전차병 세트 1,540엔

● 마치 작아진 진짜 사람이 있는 것 같은 존재감과 설득력 있는 조형이 좋은 피규어입니다. 2차대전 미군 전차와 조합한다면 이것보다 좋은 키트는 없을 겁니다. 정밀도가 높아서 꼼꼼하게 칠하기만 해도 옷의 주름 등에 자연스레 그림자가 생기면서 입체감이 살아나게 됩니다.

1/35 독일 국방군 전차병 세트

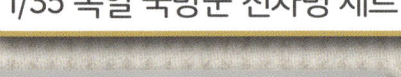

타미야 1/35 플라스틱 키트 독일 국방군 전차병 세트 1,540엔

● 프로포션이 훌륭한 키트입니다. 또한, 웃옷 옷깃을 별도 부품으로 만들어서 입체감이 좋고, 포즈도 다양해서 활용하기 좋습니다. 몰드도 상당히 선명해서 어디를 칠하면 좋은지 알기 쉽습니다. 머리 부품은 크러셔 캡(야전 장교 모자)과 약식 모자 중에 선택할 수 있습니다.

달인이 알려주는 밀리터리 피규어 공략법

드래곤 1/35 플라스틱 키트
WW.II 독일군 돌격포 승무원(피규어 4개 세트)
2,090엔

피규어를 칠하는 방법은 그야말로 무한하고, 최종적으로는 미술 회화 같은 기법을 사용하는 사람도 있습니다. 아주 어려워 보일 수도 있겠지만, 사실은 전차 모형처럼 부담없이 즐길 수 있습니다.

❶ 부품 떼어내기

피규어 키트라고 특별한 작업은 없습니다. 지금까지 배운 전차 모형과 같은 방법으로 부품을 떼어내세요.

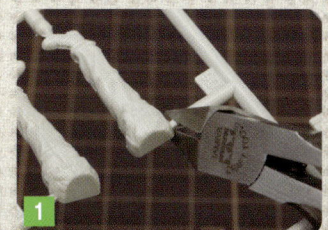
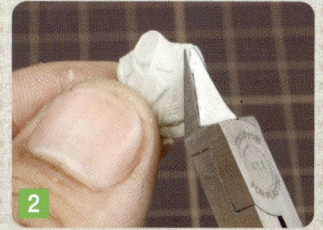
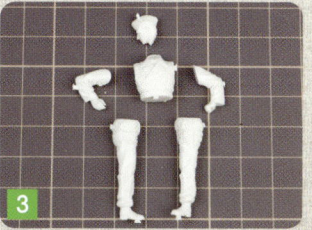

●부품에서 1~2mm 떨어진 곳에 얇은 날 니퍼 날을 대고 게이트를 자릅니다.

●조금 남은 게이트를 얇은 날 니퍼로 두 번 자르기를 해줍니다.

●모든 부품을 떼어낸 상태. 크게 신경 쓸 필요는 없습니다.

❷ 파팅 라인 처리

전차 모형과 달라서, 피규어는 파팅 라인이 눈에 띄니까 꼼꼼하게 처리해주세요.

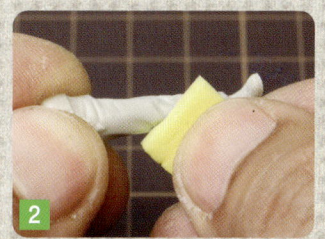
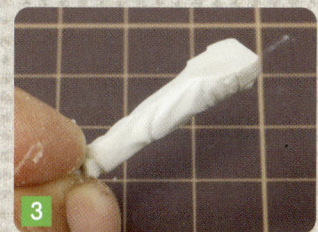

●먼저 디자인 나이프로 긁어서 파팅 라인을 대충 제거합니다.

●파팅 라인의 단차가 없어졌으면 스펀지 사포로 표면을 매끄럽게 해주세요.

●진짜 옷은 표면이 매끄럽지 않으니까, 400번까지만 써도 됩니다.

❸ 빈틈 처리

유기적인 조형이라서 부품을 딱 맞게 접착하려면 요령이 필요합니다.

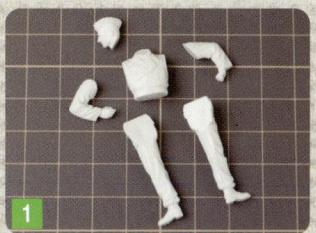

●모든 부품을 한 번에 다듬어줍니다. 부품 단위 작업이 끝났으면 이제 부품들의 피팅을 맞춰봅니다.

●부품을 맞춰보니 접합부에 빈틈이 있습니다. 이대로는 보기 흉하니까 딱 맞도록 조정합니다.

●빈틈이 있다는 건 접합부 어딘가에 튀어나온 부분이 있다는 뜻이니까, 사포로 접합부 안쪽을 깎아주세요.

❹ 접착

접착 방법은 지금까지 배운 대로. 접착제의 특성을 살려서 작업하세요.

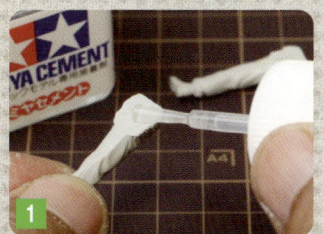
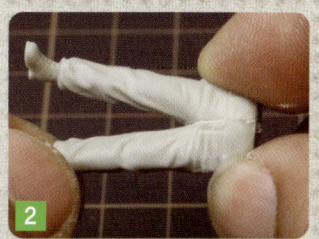

●접합부를 조정해서 빈틈이 없어졌으니 접착합니다. 먼저 걸쭉한 타입 접착제를 듬뿍 발라줍니다.

●부품을 꽉 눌러서 접착제가 삐져나오면 그대로 건조 시켜서 완전히 접착합니다.

●삐져나온 접착제는 묽은 타입 접착제로 녹여서 평평하게 해주세요.

피규어 디테일 업

Q 베테랑 모델러 분들은 정말로 시판 피규어를 그대로 조립해서 사용하나요?

A 사실은 살짝 디테일 업 해서 사용합니다

외국제나 오래된 피규어 키트를 사용할 때는 약간 디테일 업 하는 경우가 많습니다. 방법은 무궁무진하지만, 여기서는 프로 모델러가 약간 오래된 키트를 사용할 때 어떤 곳의 디테일을 어떻게 작업하는지 보도록 하겠습니다.

●오래된 피규어 키트에서는 사출 관련 사정상 옷깃이 일체로 된 경우가 많습니다. 옷깃이 겹쳐진 부분 등을 깎아서 사진처럼 입체적으로 보이게 가공하는 경우가 있습니다.

옷깃

키트 상태

소매

소매도 사출 관계상 막혀 있는 경우가 많습니다. 팔을 내린 포즈라면 큰 문제가 없지만, 이 키트처럼 팔을 들고 있는 포즈에서는 상당히 눈에 띄니까 사진처럼 소매를 파줘서 소매 속을 재현하기도 합니다.

●권총집 등의 장비품과 피규어 본체의 피팅이 좋지 않은 경우도 있습니다. 그냥 접착해버리면 권총집이 떠버려서 부자연스러우니까, 그럴 때는 사진처럼 밀착시키는 가공을 해줍니다.

디테일 업 상태

권총집

리얼리티가 부족한 옷깃에 입체감을 주자

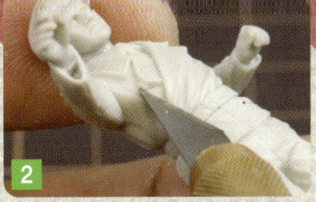

- 1 옷깃 모양을 표현하고 싶은 부분을 디자인 나이프로 몇 번 그어줍니다.
- 2 힘은 거의 안 주고, 여러 번 겹쳐서 해주는 것이 요령입니다. 하면 할수록 깊이와 폭이 커집니다.
- 3 옷깃이 접히는 부분은 바깥쪽보다 깊게 해주고 싶으니까, 횟수를 늘려줬습니다.

▲이것이 키트를 그냥 조립한 상태의 옷깃 디테일. 사출 사정상 옷깃 안쪽 몰드를 재현하지 못해서, 옷깃이 이상할 만큼 두꺼워졌습니다.

- 4 옷깃이 겹치는 부분의 골은 가늘게 해주고 싶으니까 횟수를 줄였습니다.
- 5 골을 다 파줬으면 묽은 접착제를 발라서 매끈하게 해주세요.
- 6 주머니 덮개도 같은 순서로 디테일을 강조해주세요.

막힌 소매를 뚫어보자

- 1 뚫어주고 싶은 소매 부분에 0.5mm 정도 드릴 날로 살짝 구멍을 내줍니다.
- 2 구멍이 너무 커지지 않게 주의. 이 정도 크기와 깊이를 기준으로 삼으세요.
- 3 구멍 부분을 디자인 나이프로 서서히 넓혀줍니다. 조금씩 하는 게 요령입니다.

▲소매가 막힌 상태로 사출됐습니다. 포즈에 따라서는 눈에 띄고 부자연스러우니까, 막혀 있는 부분을 깎아서 입체적인 몰드로 만들겠습니다.

- 4 어느 정도 모양이 잡혔으면 접은 종이 사포로 다듬어주세요.
- 5 묽은 타입 접착제로 표면의 조각을 녹여서 매끄럽게 해줍니다.
- 6 소매를 재현해서 리얼리티가 크게 향상됐습니다. 구멍을 너무 깊이 파지 않는 게 포인트입니다.

들뜬 권총집을 밀착시키자

- 1 접착제를 조금만 묻혀서 가조립하고, 들뜬 원인을 확인했으면 일단 떼어내세요.
- 2 몸통의 권총집 붙이는 부분을 디자인 나이프로 깎아서 평평하게 해줍니다.
- 3 다 깎았으면 400번 스펀지 사포로 표면을 다듬어주세요.

▲권총집이 들뜬 상태로 접착된 것이 보입니다. 이것도 정말 눈에 띄니까, 피규어에 딱 밀착하도록 가공하겠습니다.

- 4 이제 권총집 부품 안쪽을 조정합니다. 접착면에 있는 불필요한 디테일을 깎아내세요.
- 5 권총집이 몸에 딱 맞게 되면, 묽은 타입 접착제로 접착합니다.
- 6 권총집이 몸에 밀착해서 자연스러운 상태가 됐습니다.

피규어 칠하기

 **Q** 초보자한테 1/35 피규어 도색은 역시 무리겠죠?

 **A** 초보자도 할 수 있는 '간단 칠하기'를 가르쳐드리겠습니다

●피규어 만들기는 정말 심오하고, 「히스토리컬 피규어」라는 피규어만이 장르화 한 것까지 있습니다. 그런 작품은 마치 미술품 같은 퀄리티이지만, 전차 모형을 즐기는 일환으로 피규어를 만드는 경우에는 그렇게까지 할 필요가 없습니다. 누구나 간단히 즐길 수 있는 피규어 칠하는 방법을 소개하겠습니다.

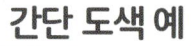
간단 도색 예

사용할 도구&재료

붓과 면봉

●사용할 도구는 평붓, 면상필, 면봉까지 최소한으로 준비합니다.

도료&용제

●도료는 각종 아크릴 도료와 에나멜 도료입니다. 사진은 작례를 칠하는 데 사용한 구체적인 도료입니다. 전부 타미야 제품으로 해결했습니다.

욕심을 낼수록 끝이 없는 피규어 도색

●피규어에는 유난히 높은 퀄리티의 작품을 만드는 「히스토리컬 피규어」라는 장르가 있고 밀리터리 피규어와 혼동하는 경우도 많습니다만, 즐기는 방법이 근본적으로 다르니까 주의하세요. 밀리터리 피규어도 계속 파고들면 끝이 없어서, 하다 보면 전차보다 더 많은 노력을 들이는 경우가 있습니다. 적당히 하는 것이 즐기기 위한 비결입니다.

STEP-1 피부 기본 도색

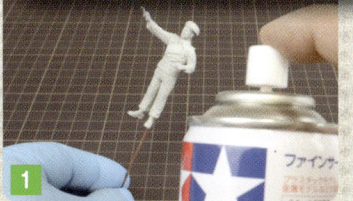
● 부품을 다듬고 접착했으면 서페이서를 뿌려서 밑칠을 해줍니다.

● 이 시점에서 흠집 등이 보이면 400번 종이 사포로 가볍게 다듬어줍니다.

● 먼저 피부색을 칠합니다. 타미야 아크릴 컬러 플랫 플레시를 조금씩 겹쳐서 칠하세요.

● 피부색은 붓자국이 생기지 않도록 조금씩 겹칠했는데, 에어브러시를 사용하면 간단하게 칠할 수 있습니다.

STEP-2 옷 기본 도색

● 피부색과 같은 순서로 옷 부분에 타미야 아크릴 컬러를 붓으로 칠해줍니다.

● 모자 부분도 그대로 붓으로 칠합니다. 타미야 아크릴 컬러는 붓으로 칠하기 좋아서 아주 간단.

● 피부색과 옷을 다 칠했으면 말려줍니다. 아크릴 컬러가 마르는 데 시간이 조금 걸리니 주의.

● 다 말랐으면 권총집과 벨트 등을 칠해줍니다. 이걸로 기본 도색은 끝났습니다.

STEP-3 옷 워싱

● 다음으로 워싱을 합니다. 이번 피규어는 검은색 옷 전차병이라서 검은색을 사용합니다.

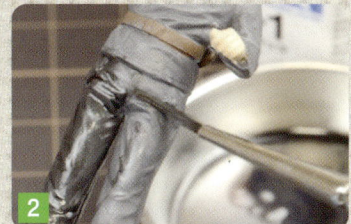
● 타미야 에나멜 컬러 플랫 블랙을 용제로 녹여서 옷 부분에 칠합니다.

● 플랫 블랙이 피부 부분에 묻지 않도록 조심하세요. 다 칠했으면 용제로 적신 면봉으로 닦아줍니다.

● 저먼 그레이에 흰색을 섞어서 드라이 브러시를 합니다. 이걸로 옷 부분은 도색 완료.

STEP-4 피부 워싱

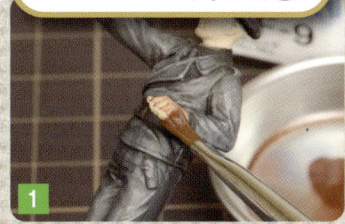
● 다음으로 피부 부분을 처리합니다. 타미야 에나멜 컬러 헐 레드로 워싱합니다.

● 우묵한 부분에 도료가 흘러 들어가게 하세요. 마르면 볼록한 부분의 도료를 닦아냅니다.

● 워싱으로 두드러진 눈 주위 디테일이 사라지지 않도록, 볼록한 부분만 닦아주세요.

● 간단한 작업을 반복해서 피규어 전체에 입체감을 주는 도색을 했습니다.

STEP-5 자잘한 부분

● 워싱 도료가 마르면 무광 클리어로 전체를 코팅해줍니다.

● 옷깃의 계급장은 상자의 사진을 참고하면서 면상필로 에나멜 도료를 칠해서 재현합니다.

● 손으로 그려야 해서 조금 어렵지만, 실패해도 에나멜 도료로 닦아내며 몇 번이고 다시 할 수 있습니다.

● 마지막으로 벨트와 버클을 칠해서 완성. 계급장은 별매품 데칼로 재현해도 좋습니다.

LET'S TRY!

실천! 타미야 Ⅳ호 전차를 초보자 여성이 만든다
⑧ 피규어 조립, 도색

꽤 열심히 만든 전차. 기왕이면 동봉된 피규어도 잘 만들고 싶습니다. 피규어는 어렵다는 선입견을 불식하고, 즐겁게 도전했습니다!

1~2 · 피규어 밑칠
● 먼저 서페이서를 뿌립니다. 회색 서페이서를 많이 사용한다고 하지만, 전차 밑칠에도 사용한 옥사이드 레드가 남아 있어서 그걸 사용했습니다. 성분은 회색과 똑같으니까 문제는 없을 겁니다.

3~5 · 피부 칠하기
● 피부색은 타미야 아크릴 컬러를 붓으로 칠하라고 하셨지만, 깨끗하게 칠할 자신이 없어서 에어브러시로 뿌렸습니다. 타미야 아크릴 컬러 플랫 플레시에 흰색을 조금 섞어서 명도를 높인 피부색을 래커 용제로 희석하고 에어브러시로 뿌렸습니다. 아크릴 도료를 에어브러시로 뿌릴 때의 용제는 래커 용제를 섞어주면 좋다고 합니다.

6~9 · 옷 칠하기
● 옷 부분은 아크릴 컬러를 붓으로 칠했습니다. 옷은 붓자국이 조금 생겨도 괜찮을 것 같아서 붓으로 칠했는데, 타미야 아크릴 컬러는 붓으로 칠하기가 아주 좋아서, 결과적으로 괜한 걱정이 됐습니다. 피부도 붓으로 칠할 걸 그랬나?
자잘한 부분은 에나멜 컬러로 칠해줬습니다.

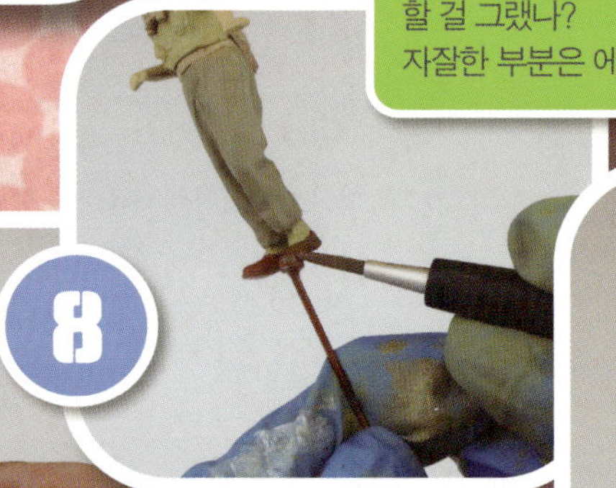

10~14 · 휘장류는 데칼 재현이 최고

● 달인은 붓으로 그린다고 하지만, 저한테는 죽어도 무리! '실패해도 다시 할 수 있습니다'라고 배웠지만, 영원히 다시 그리고 있을 것 같아서요…. 휘장류는 별매 데칼도 있다고 해서, 바로 구입해서 사용했습니다. 이런 초보자의 기분을 잘 이해해주는 타미야에 감사할 따름입니다! 작은 데칼은 붙이기가 조금 힘들지만, 손으로 그리는 것보다는 100만 배는 쉽습니다! 데칼을 다 붙였으면 무광 클리어로 코팅합니다.

15~18 · 옷과 피부를 따로 워싱

옷과 피부를 각각 타미야 에나멜 컬러로 워싱합니다. 워싱을 해준 뒤에 면봉에 용제를 적셔서 피규어 표면 부분의 워싱 도료를 닦아줍니다.

19~20 · 마지막으로 가볍게 드라이 브러시

타미야 에나멜 컬러 플레시에 흰색을 조금 섞은 색으로 코와 귀의 볼록한 부분에 가볍게 드라이 브러시를 해주면 입체감이 더 좋아집니다. 또한 옷 부분에는 카키색에 흰색을 조금 섞은 색으로 드라이 브러시 해줬습니다.

마스크와 장갑을 착용하세요!

MEAaaaaaaaaaa's SPECIAL MODEL GALLERY
German Tank Sd.Kfz.161/1 Early Production
Panzerkampfwagen IV Ausf.G

타미야 1/35 플라스틱 모델
독일 IV호전차 G형 초기 생산형
4,620엔

● '처음 전차 모형을 만들어도 달인에게 배우면서 작업하면 프로 작례처럼 만들 수 있다?'라는 TV 프로그램 코너 같은 이 기획이 멋지게 성공해서, 초보자가 만들었다는 걸 믿을 수 없는 작품으로 완성됐습니다. 이 사례는 '기본 공작은 목적과 효과를 확실하게 의식하고 작업한다', '도색은 도료의 성질과 올바른 순서를 파악한다' 이 두 가지만 의식하면, 만드는 사람에게 고도의 테크닉이 없어도 일정 수준 이상의 모형을 만드는 것이 가능하다는 사실을 증명했습니다. '초보자에게 전차 모형은 너무 난이도가 높아서 손대기 힘들다'는 이야기가 있는데, 지금까지 읽었으면 어려운 테크닉은 없다는 걸 확인했을 겁니다. 전차 모형은 간단하고 부담없이 생각해도 되는 장르입니다.

(기획 담당자)

저 같은 초보자도 이렇게나 멋지게 만들었습니다!!

●간단한 공작으로 앞뒤 펜더와 견인 밧줄 고정 방법을 조금씩 바꿨지만, 기본적으로는 타미야 키트를 그대로 조립한 상태. 일반 모형지에 게재되는 작례와도 손색이 없는 완성도입니다. 앞에서도 언급했지만, 타미야 키트는 정밀성과 확실한 재현성을 지녀서 초보자는 물론이고 상급자도 만족할 수 있는 퀄리티를 자랑합니다.

(도이 마사히로)

●최근에는 특히 캐릭터 모델에서 '도색하지 않아도 프라모델 만들기를 즐길 수 있다'는 콘셉트로 상품을 판매하는 메이커가 많아졌습니다. 어떤 의미에서는 그것도 정답이겠지만, 조립의 즐거움과 별개로 도색의 즐거움도 분명히 존재합니다. 그 두 가지를 즐길 수 있는 것이 전차 모형을 비롯한 스케일 모델의 특징이라고 할 수 있겠죠.

(사이토 요시타카)

MEAaaaaaaaaaaa's VOICE
IV호 전차와 나, 땀과 눈물의 30일

● 저는 1년 전에 건프라와 만난 뒤로 많은 모형을 만들어왔습니다. 그러던 중에 「걸즈 & 팬져」라는 작품을 보고 전차에 관심을 가졌고, 전차 모형에도 도전하고 싶다는 생각이 들었습니다. 아무것도 모르면서 무작정 사 와서 만든 전차 모형은 색도 입혀지지 않은 새하얀 상태였지만, 그래도 처음 작품을 만들고는 '정말로 전차 모형을 만들었다!'라고, 아주 감동했습니다. 처음 조립한 날은 '이래도 멋있네!(웃음)'라고 생각했었죠.

하지만 실제로 여러 작품들을 본 뒤로는 '난 평생 이런 거 못 만들 거야'라고 포기하는 기분이 강하게 들었습니다.

이 책을 만들기 전에는 멋진 전차를 만들려면 초보자는 흉내도 못 내는 어려운 기술이 필요하다고 생각했습니다. 하지만 실제로 프로 모델러 분들께 배운 기술은 하나같이 간단했고, 무엇보다 기술을 배우면서 모형을 만드는 게 정말 재미있었습니다! 정말 너무 재미있어서, 프로 모델러 분들께 배우는 날이 기다려지고 가슴이 두근거렸습니다.

이 책 안에서 만든 IV호 전차는 겨우 이 정도로 이렇게나 달라지는 거야?! 라는 변화가 정말 많아서, 지금도 제가 만들었다는 걸 믿을 수가 없습니다. 처음에 생각했던 죽어도 못 해~ 라는 이미지는 어딘가로 날아가 버렸습니다!(웃음)

이번에는 초보 모델러 대표로 기술을 배웠는데, 이 책이 저와 같은 의문을 가진 분들이나 한 단계 높은 수준의 전차 모형을 만들고 싶어하시는 분께 도움이 됐으면 좋겠습니다! 초보자 분들도 전차 모형을 만들어본 경험이 있는 분도, 이 책을 읽고서 같이 멋진 전차 모형을 만들어봐요!
앞으로도 많은 모형에 도전하고, 누구나 거쳐가는 벽에 부딪치면서 기술을 키워가고 싶습니다!

전차 모형 최고~!!
전차 모형 정말 좋아!!

(메아)

GLOSSARY

초보자를 위한 프라모델 기본 용어집

모형에는 전문용어가 많습니다. 대충 알고 있다고 생각하는데, 여기서 다시 배워봤습니다.

키트

●일단 이게 있어야 시작할 수 있는 플라스틱 모델 키트라고 표기하는 경우는 플라스틱 부품부터 조립 설명서 등, 내용물부터 상자까지 모든 것을 가리키는 경우가 많습니다.

조립 설명서

●플라스틱 모델 만드는 방법이 기재된 것. 기본적으로는 동봉된 설명서를 따라서 만들면 완성할 수 있습니다. 그리고 도색 지시와 실제 차량의 설명도 적혀 있습니다.

런너

●부품 주변에 있는 틀 부분을 뜻합니다. 완성한 뒤에는 필요 없는 부분입니다. 부품 검색용 알파벳 표기와 메이커, 상품명 등이 적힌 판 부분은 런너 택이라고 합니다.

부품

●부품에는 넓은 의미가 있습니다. 런너에서 떼어내 사용하는 부분을 부품이라고 하는데, 런너에 달린 상태나 런너 전체를 부품이라고 하기도 합니다.

게이트

●런너와 부품을 연결하는 부분입니다. 런너와 부품 사이에 있습니다. 많은 키트는 런너보다 가늘게 되어 있습니다. 게이트 자국 처리할 때의 게이트가 이것을 뜻합니다.

지그

●공작을 도와주는 특수 공구 같은 존재. 전차 모형에서는 구동부 조립용으로 동봉되는 경우가 많습니다. 틀어지지 않고 똑바로 조립할 수 있게 해주는 보조 공구입니다.

파팅 라인

●플라스틱 모델은 붕어빵처럼 부품 모양이 새겨진 금속 틀을 맞물리고 녹은 플라스틱을 흘려 넣어서 만드는데, 금형이 물린 부분에 생긴 불필요한 줄이 파팅 라인입니다.

폴리캡

●연질 소재로 만든 통 모양 부품. 포신 기부나 구동부에 사용하는 경우가 많습니다. 약간 굵은 축을 꽂아 넣고 수축력으로 저항을 만들어서 지탱하는 역할을 합니다.

데칼

●데칼이라고 표시하는 경우에는 물에 담가서 풀을 녹인 뒤에 부품에 붙이는 습식 타입을 뜻합니다. 종이에서 떼어내 붙이는 타입은 '씰'이라고 합니다.

에칭 부품

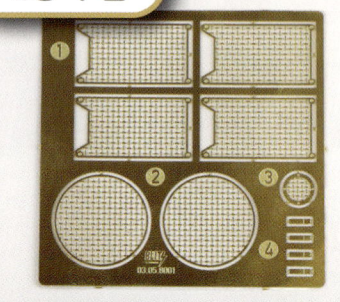

●얇은 금속 부품입니다. 그물망 등의 플라스틱으로 재현하기 힘든 부분의 재현도를 높이는 데 가장 좋은 재현 방법입니다. 참고로 외국에서는 포토 에칭이라고 합니다.

특별 수업
디오라마를 만들어보자
〈강사〉 오쿠가와 야스히로

시판하는 건물을 사용한
간단 디오라마에 달인의 정수를
더해서 프로처럼 만드는 기술

오쿠가와 야스히로
20여 년 전의 밀리터리 모델 활동 시절부터, 하이 레벨 작품을 발표하고 있는 전설적인 인물.

103

건물 만드는 방법

Q 디오라마의 건물은 기술이 있어야만 만들 수 있나요?

미니 아트의 건물 키트를 사용하면 가능합니다 A

미니 아트 1/35 플라스틱 키트
36012 RUINED HOUSE(폐허 집)
3,520엔

일선에서 활약하는 프로 모델러 중에는 디오라마의 건물을 전부 직접 만드는 분도 있지만, 그런 분은 극히 일부. 대부분의 모델러는 시판 건물 키트를 활용합니다. 여기서는 건물 키트를 다수 발매하고 있는 우크라이나의 회사, 미니 아트의 상품을 소개하겠습니다.

RUINED HOUSE(폐허 집)

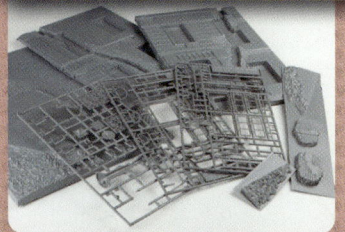

●미니 아트의 키트는 버큠 폼(말랑하게 만든 프라판을 틀에 진공 흡착해서 부품을 만드는 방법)과 일반 플라스틱 모델 부품, 그리고 종이 포스터로 구성됩니다. 제작 포인트는 버큠 폼 부품 공작 방법입니다. 도구는 프라모델에서 사용하는 것이면 충분합니다.

미니 아트 건물 키트란

●디오라마 제작 중에서도 건물은 직접 만들려면 플라스틱 모델과 또 다른 기술이 필요해서, 베테랑 모델러도 주저하는 부분입니다. 하지만 미니 아트의 건물 키트라면 플라스틱 모델을 제작하는 도구나 공작 방법으로 만들 수 있습니다. 미니 아트의 풍부한 키트 중에서 「RUINED HOUSE(폐허 집)」을 만들겠습니다. 이 키트는 건물에 돌바닥까지 세트로 구성된, 이것만으로도 정경을 만들 수 있는 제품입니다.

부품 잘라내기

①버큠 폼 부품은 필요한 부분과 아닌 부분의 경계가 애매합니다. 먼저 부품에 서페이서를 뿌려서 그 경계가 확실히 보이게 해줍니다.
②먼저 불필요한 판 부분을 대략적으로 잘라줍니다.
③판과 부품의 경계를 디자인 나이프로 여러 번 그어서 골을 만듭니다.
④골 안에 에나멜 용제를 흘려 넣습니다.
⑤에나멜 용제에는 플라스틱에 침투하는 성분이 있으니 그 특성을 이용합니다. 용제를 흘려놓고 조금 지나면 판과 부품을 골 부분에서 딱, 하고 분리할 수 있습니다.

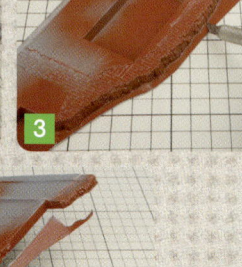

부품 다듬기

⑥자른 부분 단면입니다. 색이 입혀지지 않는 부분도 버큠 폼 부품의 불필요한 부분이니까, 이것도 잘라내세요.
⑦불필요한 두꺼운 부분을 깎아줍니다. 색이 입혀진 부분은 사용하는 곳이니까, 깎아버리지 않게 주의하세요.
⑧가능한 한 균등하게 깎이도록, 작업대 위에 올려놓은 큼직한 종이 사포에 부품을 눌러주면서 연마합니다.
⑨어느 정도 대략적으로 깎아냈으면, 필요한 부분을 건드리지 않도록 주의하면서 스틱 사포로 조심조심 연마합니다.
⑩불필요한 부분을 깎아낸 상태입니다.
⑪모든 부품에 같은 처리를 해주세요.

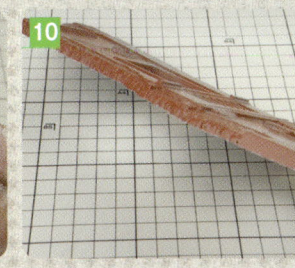
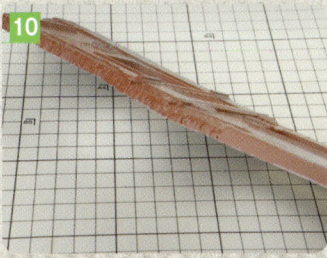

조립

⑫버큠 폼 부품은 아주 부드럽고 틀어지기 쉽습니다.
⑬⑭그래서 뒤쪽에 5mm 프라봉과 프라판을 붙여서 강도를 높여줍니다. 조립에는 플라스틱 모델용 접착제를 사용합니다.
⑮부품을 다 붙였으면 접합면에 생긴 틈새를 퍼티로 메워주세요.
⑯퍼티는 폴리에스테르 퍼티(폴리 퍼티)가 사용하기 쉬워서 추천합니다. 굳은 뒤에 종이 사포로 불필요한 퍼티를 깎아냅니다.
⑰건물 부분 공작이 끝났습니다. 요령이 조금 필요하기는 하지만, 결코 어려운 작업은 아닙니다.

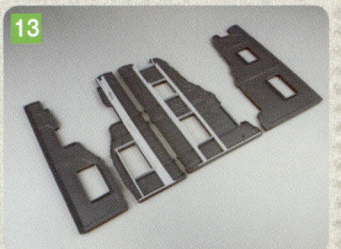

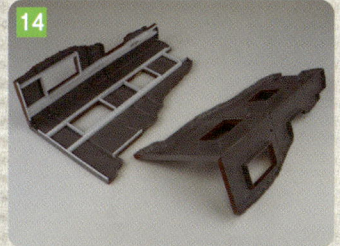

도색

●도색도 플라스틱 모델과 같은 공정으로 합니다. 셰페이서를 발라서 다듬지 않은 부분은 없는지 확인합니다.
⑱⑲⑳㉑문제가 없다면 타미야 아크릭 도료로 칠해줍니다. 색은 상자의 그림을 참고하면 됩니다.
㉒㉓기본적인 칠이 끝났으면 웨더링을 합니다. 벽돌과 돌바닥은 줄눈 재현을 위해 타미야 에나멜 도료 버프를 희석액으로 희석해서 워싱해줍니다. 외벽은 Mr. 웨더링 컬러 그라운드 브라운으로 워싱합니다. 같은 워싱이지만 위치에 따라 색을 바꿔주면 보다 그럴듯해집니다.

완성!

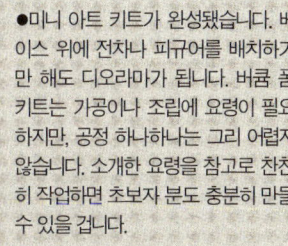

●미니 아트 키트가 완성됐습니다. 베이스 위에 전차나 피규어를 배치하기만 해도 디오라마가 됩니다. 버큠 폼 키트는 가공이나 조립에 요령이 필요하지만, 공정 하나하나는 그리 어렵지 않습니다. 소개한 요령을 참고로 찬찬히 작업하면 초보자 분도 충분히 만들 수 있을 겁니다.

(제작 협력/Ben)

베이스 만들기

 디오라마에 베이스를 붙여주고 싶은데, 원하는 크기가 없어요…

목재를 조합하면 원하는 크기로 만들 수 있습니다. 간단합니다!

●목재를 가공해서 원하는 크기의 디오라마 베이스를 만드는 방법을, 사이토 요시타카가 알려드립니다. 모형 제작과는 공구도 재료도 근본적으로 다르지만, 제대로 된 도구를 사용해서 순서에 따라 진행하면 어려운 작업이 아닙니다.

필요한 도구와 재료

●먼저 베이스의 크기를 정합니다. 여기서는 앞 페이지에서 만든 미니 아트의 베이스에 맞추기로 했습니다. ①필요한 도구는 톱과 45도 각도로 자르기 위한 도구(마이터 박스)입니다. 접착에는 목공용 접착제를 사용. 착색과 보호는 오일 스테인과 니스. ②사용할 목재는 바깥 틀을 만들기 위한 각재와 높이를 올리기 위한 평판, 그리고 장식용으로 단면이 삼각형인 목재, 베이스용 베니어 합판입니다. 높이를 올릴 필요가 없으면 평판은 필요 없습니다. 목재는 홈센터에서 다양한 종류를 입수할 수 있습니다.

③각재 길이를 정했으면 톱으로 자릅니다. 붙였을 때 90도가 되도록 45도로 잘라주세요.
④목재는 목공용 접착제로 붙여줍니다.
⑤⑥베이스 틀을 만들었으면 틀 모양에 맞춰서 높이를 올리기 위한 평판을 잘라줍니다. 아가디스 목재가 사용하기 편하고, 커터로도 쉽게 자를 수 있어서 가공하기도 좋습니다. 판끼리 접착하는 부분은 45도로 깎아주세요.
⑦베이스 틀과 접착합니다.

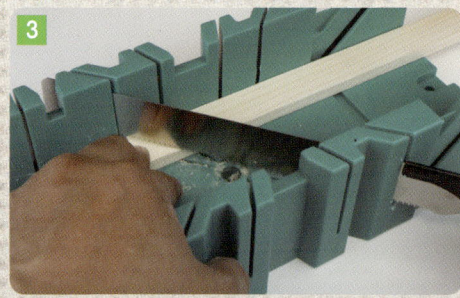 

목재 가공과 조립

⑧⑨평판 부분에 보강을 겸한 장식을 추가합니다. 베이스와 평판이 만나는 부분에 단면이 삼각형인 목재를 붙여줍니다.
⑩베니어 합판을 잘라서 밑판을 만듭니다.
⑪높이를 조절했으면 뒤쪽에 적당한 크기의 나뭇조각을 접착제로 붙여서 고정합니다. 이걸로 접착 부분을 보강합니다.
⑫틀의 마무리로, 목재를 접합한 부분의 틈에 퍼티를 발라서 메워줍니다. 사용하는 퍼티는 세메다인사의 목공용 에폭시 퍼티. 너무 꼼꼼하게 바르지 않아도 됩니다.
⑬잠시 놔둬서 퍼티가 굳으면 전체를 사포로 다듬어줍니다. 사포는 180에서 240번 정도를 사용합니다.
⑭오리지널 목제 베이스 완성.

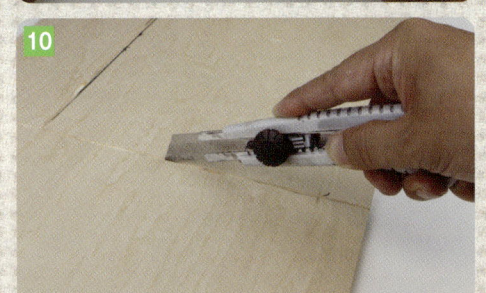

목재 착색

⑮⑯조립한 목재 베이스에 색을 입힙니다. 목재에 색을 입힐 때는 착색제를 사용하는 방법과 니스를 바르는 방법이 있습니다. 니스 중에 캔 스프레이 타입도 있지만, 캔 스프레이라면 간단하게… 는 아닙니다. 스프레이 타입은 마르는 데 시간이 오래 걸리고 흘러내리기도 쉬워서, 초보자가 사용하면 너무 많이 뿌리지 않도록 조심해야 합니다. 가장 간단한 방법은 오일 스테인이라는 도료를 사용해서 착색하고, 마무리도 니스를 살짝 발라주는 방법입니다. 오일 스테인은 솔로 발라줍니다. 스프레이 니스도 얇게 살짝만 뿌려줘도 됩니다.
⑰니스가 마르면 먼저 만들어둔 디오라마 부분을 접착해서 완성!

완성!

● 완성한 베이스에 디오라마를 접착해주면 베이스가 딸린 디오라마가 완성됩니다. 이번에는 디오라마의 바닥(미니 아트의 돌바닥)과 베이스 사이에 스타이로폼이라는 건축 자재(단열재. 밀도가 높은 스티로폼 같은 것. 홈센터에서 구입 가능)를 깔아준 뒤에 접착했습니다.
(베이스 제작/사이토 요시타카)

폐허 만들기

 디오라마의 기본 「폐허가 된 거리」를 리얼하게 만들고 싶어요!

포인트인 파편에 초첨을 맞춰서 설명하겠습니다.

건물과 베이스

●디오라마의 근간을 이루는 부분이니까, 제대로 음미하고 상황을 설정합니다. 이번에는 건물이 무너진 폐허 시내를 만들고 싶었으니까, 앞 페이지에서 만든 이 폐허 베이스를 꾸며보겠습니다.

스타이로폼

●원래는 벽체 단열재지만, 자르기 쉽고 크기에 비해 상당히 싸서 디오라마의 지형 만들기 등에 자주 사용합니다. 홈센터에서 구입 가능.

목재

●딱히 추천하는 메이커는 없지만, 화방이나 홈센터에서 파는 것들을 준비했습니다. 목재 파편을 만들 때 좋습니다.

파편 소재

●이번에 사용한 모린의 「크러셔블 스톤」 「파편 믹스」는 간단히 파편을 표현할 수 있어서 추천. 모린에서는 그 외에도 다양한 디오라마 용품을 발매하고 있습니다.

웨더링 소재

●웨더링 파스텔은 건물이나 지면의 미묘한 먼지 얼룩 표현에 최적. 그리고 Mr. 웨더링 컬러는 미리 희석해둔 유채 물감이라서, 건물이나 지면의 워싱에 편하게 사용 가능. 모형점에서 구입할 수 있습니다.

소품들

●파편에 소품을 섞어주면 현장감이 크게 향상됩니다. 책상이나 통 등의 일용품 소품을 사용했습니다. 사진은 미니 아트의 액세서리 키트를 조립한 것입니다.

정착제

●뿌려놓은 파편 등을 디오라마 베이스에 고정하기 위해 사용. 목공용 본드를 사용해도 되지만, 전용 정착제는 광택을 줄여줘서 편리합니다.

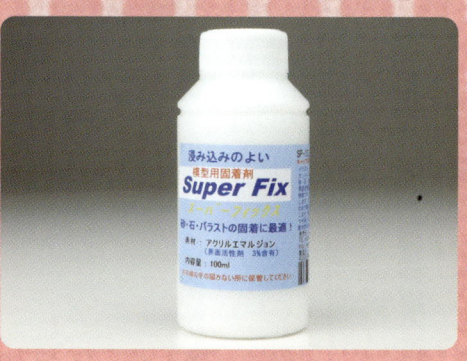

오쿠가와 씨에게 배우는 파편 만들기

● 오쿠가와 씨께 파편투성이 거리 만드는 방법을 전수받도록 하겠습니다. 순서부터 사용하는 도구까지 모형 도구와 많이 다르니까, 작업 공정을 상상할 수가 없어서 기대됩니다!

▲먼저 스타이로폼을 잘라서 파편 더미의 뼈대를 만듭니다.

▲대략적인 크기를 정했으면 산 모양으로 깎아줍니다. 커터로 간단히 깎을 수 있습니다.

▲디오라마에 얹어보고 파편이 쌓였을 때의 이미지와 맞는지 확인합니다.

▲스타이로폼을 디오라마 베이스에 접착. 목공용 접착제를 사용합니다.

▲파편 틈새로 스타이로폼이 보여도 눈에 띄지 않게, 아크릴 도료 블랙을 칠합니다.

▲파편 재료와 크러셔블 스톤을 스타이로폼 위에 뿌려서 쌓아줍니다.

▲베이스 전체에 파편을 뿌리는데, 너무 균등해지지 않게 전체를 보면서 배치하세요.

▲소품을 적당히 배치하고 벽돌 파편 믹스를 펜치로 더 잘게 부숴서 뿌려줍니다.

▲자잘한 파편을 뿌린 상태. 액세서리인 통 위에도 뿌려줬습니다.

▲유리 파편은 투명 프라판을 적당히 잘라서 뿌립니다. 창문 주변을 의식하면 좋다고 합니다.

▲같은 방법으로 건물 안쪽에도 파편을 뿌려줍니다. 안쪽에 책상 등의 소품을 배치했습니다.

▲파편은 지면은 물론이고, 창틀 등에도 작은 파편을 배치하면 현장감이 커집니다.

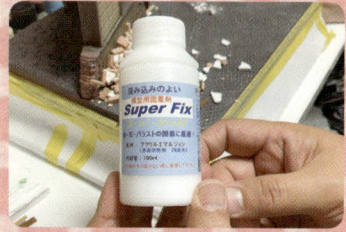
▲뿌려놓은 파편을 정착시킵니다. 여기까지 작업 시간은 겨우 30분!

▲정착제는 물로 녹인 목공용 접착제로 대용해도 되지만, 침투성 향상을 위해 중성세제를 몇 방울 섞어주세요.

▲정착제나 물에 녹인 목공용 접착제를 스포이드로 덜어서, 배치한 파편 위에 잔뜩 뿌려줍니다.

▲마를 때까지 기다립니다. 시간이 꽤 걸리니까 수분이 날아갈 때까지 끈기 있게 기다려주세요.

▲웨더링 소재로 파편에 워싱해준 뒤에, 마지막으로 타미야 아크릴 버프로 드라이 브러시를 해줍니다.

▲전체 상황을 보면서 웨더링 파스텔을 입혀주는 등, 자연스러운 느낌으로 더럽혀주세요.

▲실내 부분에도 같은 순서로 웨더링을 해줍니다.

MEAaaaaaaaaaa's DIORAMA GALLERY
RUINET HOUSE & KING TIGER

●프로 모델러 분들의 지도를 받기는 했지만, 폐허가 된 시내의 디오라마를 완성하는 데 성공했습니다. 물론 인생 첫 디오라마 작품입니다! 전차에 파괴당한 집의 벽 느낌을 표현한 디오라마를 이렇게 간단히 만들다니, 감격했습니다! 중간에 알게 된 일인데, 이 벽은 독일 건물이네요(땀). 사실은 IV호 전차와 조합한 디오라마를 만들고 싶었지만, 제가 만든 IV호 전차는 아프리카 사양인가 하는 것이라서 시내에는 안 어울린다…고 해서, 강사인 사이토 요시타카 씨가 만드신 킹 티거를 얹어봤습니다! 거리와 전차가 매칭되면서 제 눈앞에 전장이 있는 것 같습니다!

디오라마는 일부 선택받은 모델러만이 만드는 것이라고 생각했는데, 사실은 아니었습니다. 다음에는 처음부터 전부 혼자서 만들어보겠습니다! (메아)

MEA's VOICE

● 막연하게 '디오라마를 만드는 일은 없겠지~'라고 생각했고, 이 기획에서 만들자고 했을 때 '말도 안 돼, 무리야!'라고 했었는데… 정말로 만들어버렸습니다~~!
이번에는 무크지 기획의 덤으로, 오쿠가와 씨께 계속 배우면서 만들기는 했지만, 집의 소품이 날아가고 파편이나 먼지가 널려 있는… 그런 마치 베테랑 모델러 분이 만든 것 같은 작품을 제가 만들다니… 흥분이 가라앉질 않습니다. 다음에는 제 힘으로 하나부터 열까지 만들고, 다른 전차를 사용해서 리얼한 전장을 표현해볼까 합니다!

초보자라는 걸 믿을 수 없는 수준으로 완성했습니다 ♡

HOW to BUILD A.F.V. MODELS for BEGINNERS!

프로에게 배우는 전차 모형 만들기
초보자를 위한 빠른 테크닉 가이드

【STAFF】
Beginner modeler
▶ Mea

Great modeler
▶ Masahiro Doi
▶ POOH Kumagai
▶ Yoshitaka Saito

Special Thanks
▶ Yasuhiro Okugawa
▶ Naoyuki Uehara

Cover Design/Design
▶ SHIRONAGASU WORKS

Cover Photo
▶ Masataka Shinobe

촬영 협력
▶ 옐로 서브마린 아키하바라 스케일 숍

Edit/Writing/Photo/DTP
▶ GOMORA KICK Co., Ltd.

Edit
▶ Shosei Sato

프로에게 배우는 전차 모형 만들기
초보자를 위한 빠른 테크닉 가이드

초판 1쇄 인쇄 2023년 7월 10일
초판 1쇄 발행 2023년 7월 15일

저자 : 하비재팬 편집부
번역 : 김정규

펴낸이 : 이동섭
편집 : 이민규
디자인 : 조세연
영업 · 마케팅 : 송정환, 조정훈
e-BOOK : 홍인표, 최정수, 서찬웅, 김은혜, 정희철
관리 : 이윤미

㈜에이케이커뮤니케이션즈
등록 1996년 7월 9일(제302-1996-00026호)
주소 : 04002 서울 마포구 동교로 17안길 28, 2층
TEL : 02-702-7963~5 FAX : 02-702-7988
http://www.amusementkorea.co.kr

ISBN 979-11-274-6324-3 13630

Pro Modeler Jikiden! Sensha Mokei Joutatsu no Chikamichi
©HOBBY JAPAN
Originally Published in Japan in 2022 by HOBBY JAPAN Co., Ltd.
Korea translation Copyright©2023 by AK Communications, Inc.

이 책의 한국어판 저작권은 일본 ㈜HOBBY JAPAN과의 독점 계약으로
㈜에이케이커뮤니케이션즈에 있습니다.
저작권법에 의해 한국에서 보호를 받는 저작물이므로 무단전재와 무단복제를 금합니다.

*잘못된 책은 구입한 곳에서 무료로 바꿔드립니다.